基于调研文本大数据的
机构投资者
行为研究

岳思诗　著

西南财经大学出版社

中国·成都

图书在版编目(CIP)数据

基于调研文本大数据的机构投资者行为研究/岳思诗著.—成都:西南财经大学出版社,2023.10

ISBN 978-7-5504-5896-3

Ⅰ.①基… Ⅱ.①岳… Ⅲ.①机构投资者-投资行为-研究

Ⅳ.①F830.59

中国国家版本馆 CIP 数据核字(2023)第 149748 号

基于调研文本大数据的机构投资者行为研究

岳思诗 著

策划编辑:雷静

责任编辑:雷静

责任校对:李建蓉

封面设计:墨创文化

责任印制:朱曼丽

出版发行	西南财经大学出版社(四川省成都市光华村街55号)	
网　　址	http://cbs.swufe.edu.cn	
电子邮件	bookcj@swufe.edu.cn	
邮政编码	610074	
电　　话	028-87353785	
照　　排	四川胜翔数码印务设计有限公司	
印　　刷	四川煤田地质制图印务有限责任公司	
成品尺寸	170mm×240mm	
印　　张	11.25	
字　　数	190千字	
版　　次	2023年10月第1版	
印　　次	2023年10月第1次印刷	
书　　号	ISBN 978-7-5504-5896-3	
定　　价	78.00元	

前　言

　　资本市场是合理配置市场化资源的有效方式，是决定一个国家社会经济发展水平的关键因素。我国资本市场经过 30 多年的发展，在推动社会经济发展上发挥了重要作用，已成为我国经济发展不可或缺的重要组成部分。而我国的资本市场还不完善，还存在着无效性与无序性、结构失衡和重视不够及监管不到位等问题。为此，党和政府着眼于推进新时代我国资本市场的规范、健康发展，做出了完善资本市场基础制度，健全多层次资本市场体系，大力发展机构投资者，增强资本市场枢纽功能，全面实行股票发行注册制，促进资本市场平稳健康发展等一系列重大决策部署。这为解决我国资本市场存在的突出问题提供了根本遵循。

　　机构投资者作为资本市场的主要参与者，发挥着重要的支撑保障作用，其进行的调研及投资行为研究对我国资本市场的健康运行和稳定发展有着重要影响。2000 年中国证监会提出超常规、创造性地发展机构投资者的意见后，机构投资者得到迅速发展，逐渐成为我国资本市场的主力军。2016 年，股票注册制的施行使得机构投资者拥有更多的选择权，这倒逼机构投资者在投资过程中需要提升理性程度，合理地制定和执行投资决策。伴随着机构投资者在我国资本市场的飞速发展，其在我国资本市场中的作用越来越显著，机构投资者调研及投资行为研究便成为学者们关注的热点问题。但机构投资者由不同的执行者构成，他们在实地调研过程中对调研信息的获取、判断及进行的投资行为，都会受到知识、思想价值及多样性的文化观念的影响。当机构投资者面对多样性文化及复杂的经济环境时，这些因素会对其思想观念造成一定程度的影响，从而影响其认知与投资决策。

　　深入研究机构投资者调研及其调研后投资行为的相关问题，有利于增强机构投资者的金融素养，促使其防范非理性投资行为，促进管理层的科学监督，保证资本市场的稳定和健康发展。因此，基于行为金融框架，文化观念对机构投资者调研及投资行为影响的研究显得更具理论价值和现实意义。

　　本书基于深圳证券交易所的"互动易"及上海证券交易所的"e互动"网站上所发布的投资者关系记录表，国泰安数据库（CSMAR）和东方财富网 Choice 数据终端，获取机构投资者的调研文本大数据，利用 Python 进行文本分析，构建调研信息内容测度框架。本书在行为决策理论框架下，首先分析了机构投资者所获取调研信息的质量，运用机构投资者所获取的调研信息预测股票收益率的方法，检验了机构投资者调研信息的价值；其次，通过构建调研信息内容测度框架，探究了机构投资者能否基于所获取的调研信息进行投资决策，做到调研信息获取和投资决策的一致性行为，以及该行为可能的影响因素，实证分析了文化观念对机构投资者调研信息获取与投资决策的一致性行为的影响；最后，考察了该一致性行为对上市公司治理的影响，发现机构投资者调研信息获取与投资决策的一致性行为，能够抑制上市公司管理层的盈余管理，发挥了外部治理的作用。

　　本书主要体现了三大特点：一是以机构投资者调研文本大数据为基础开展机构投资者调研及投资行为的研究，使得本书的研究具有鲜明的数据特色；二是从文化角度研究机构投资者的调研、投资决策行为；三是研究了机构投资者调研信息获取和投资决策的一致性行为对上市公司盈余管理的影响，为上市公司构建了新的外部监督机制。

　　本书的研究成果是在充分吸取和借鉴国内外专家、学者研究成果的基础上形成的。在此，笔者对他们表示由衷的感谢！对直接引用的文献都尽可能地注明了出处，对参阅的文献也在文末进行了罗列，如有遗漏，实非故意，敬请原作者谅解。

　　在这里，还要特别说明的是，本书的完成离不开西南交通大学经济管理学院董大勇教授的悉心指导，同时在本书在写作过程中，也受到了西南交通大学经济管理学院曹嘉威博士观点的启发，以及杨墨博士的支持与协助。在此，一并表示诚挚的谢意！最后，衷心感谢西南财经大学出版社编辑老师们的辛苦付出。

　　由于水平有限，书中不足之处在所难免，恳请读者批评与指正。

岳思诗

2023 年 5 月于成都

目　录

1 导论

1.1 研究背景及意义

对投资者行为的研究一直是经济学研究中的重要课题，对投资者行为的不同假设是经济学流派划分的重要因素。以亚当·斯密（Adam Smith）为代表的古典经济学，假设了投资者是理性的经济人。新古典学派发展了理性经济人的假设，认为理性行为体现了投资者的内在一致性，是对自身利益最大化的追求。学者将投资者行为的特征抽象为一系列公理化的假设，如决策的完备性、反身性等。但在现实中，投资者通常无法遵循理性人假设的公理，他们表现出的是基于现实的投资者认知与心理的真实决策过程的行为。

自 1950 年以来，美国俄勒冈大学的伯雷尔（Burrel）和鲍曼（Bauman）两位学者将量化投资模型与投资者的心理和行为特征相结合进行研究；1979 年，卡曼尼（Kahneman）和特沃斯基（Tversky）提出的"前景理论"，以及舍弗林（Shefrin）和斯坦特曼（Statman）在 1985 年发现的投资者"处置效应"为后期在行为金融中研究投资者行为奠定了理论基础。之后，研究者通过大量精心设计的金融实验和实证研究，辨别出了投资者在个人信念、偏好和从众方面的认知心理的系统性偏差，发现了投资者所表现出来的过度自信、自我归因、损失厌恶等心理会对投资者行为产生影响。

1998 年奥登（Odean）通过对市场中的交易者和内幕知情人进行调查后发现，投资者总对自己的信息评价好于同类的其他人，存在过度自信；2000 年，巴贝尔（Baber）和奥登提出，这些存在过度自信的投资者所持有股票的变动比率比较高，但投资收益比较低，因而过度自信的心理使得投资者拥有高交易水平但获取的收益较低。丹尼尔（Daniel）等人认为投资者的自我归因会引起证券市场中的过度反应或者反应不足等异常现象，这是因为在心理学上，人们总是未加考虑地接受与自我相关的积极反馈，却反驳与自我有关的消极反馈。因此，投资者将积极的行为结果归因为自我的内在核心因素，而将消极行为结果归因于外部因素。1979年，卡曼尼和特沃斯基发现在面对财富损失和收益时，人们对损失的反应比对同等的收益更加敏感。巴博拉斯等人在2003年解释股票溢价之谜时认为，投资者基于损失厌恶心理，他们在规避消费风险的同时还规避了财富损失，这表明了有着损失厌恶心理的投资者会因为投资了损失可能性较高的股票而要求获取更高的回报。除此之外，李丹心等人2002年提出，中国投资者还受到了"政策依赖性心理"以及"庄家情结"的影响，这些独具中国特色的投资者心理使投资者在进行投资交易时产生认知偏差。

　　基于上述背景，无论是中国投资者还是国外投资者，在投资过程中都可能存在认知偏差或者心理偏差，他们都受限于存在的有限理性。因此，在行为决策理论下，投资者在进行投资决策过程中，对获取信息、加工信息及基于信息进行投资时会产生偏误；但现有的关于投资者决策的研究大多集中在投资者获取信息及对信息加工这一阶段，而对投资者在获取（处理）信息后进行决策这一阶段的研究较为鲜见，特别是投资者在这一阶段中是否受限于有限理性值得进一步研究。

　　图1-1展示了投资决策过程。

图1-1　投资决策过程

　　此外，在行为金融框架下，投资者行为的发生大多都基于投资者心理；那么，投资者所具有的文化观念对行为决策也会产生较大的影响。中国是拥有五千多年历史的文化大国，从先秦诸子百家争鸣到宋明时期的程朱理学盛行及明代阳明心学的产生……中国的传统文化博大精深，对根植于中国本土的投资者的投资决策行为产生了重要影响。但是，目前鲜有基于现有行为金融框架，从文化观念角度对投资者行为进行的研究。

　　儒家文化是中国传统文化的重要组成部分。在1905年取消科举制度之后，儒家文化在中国一直处于边缘化的尴尬境地。因此，在当今社会，儒家文化是否依然在影响管理层的理念及投资者的行为，这是一个值得探究的问题。按照古志辉在 2015 年的解释，儒家文化对中国现代企业管理、上市公司管理层的行为及投资者行为都有着较大的影响。艾伦（Allen）等人 2005 年认为降低代理成本的关键要素是儒家伦理和参与激烈的国际竞争。这表明儒家文化中的一些观点对企业管理者的行为决策有着重要的影响，比如古志辉 2015 年认为可以通过向上市公司代理人灌输"慎独"的"修身"观念达到减少公司代理成本，提高代理效率的目的；儒家文化中提到的"知行观"也可能对投资者行为决策产生影响，明代阳明心学指出，"知之真切笃实处即是行，行之明觉精察处即是知。知行功夫，本不可离"（《传习录中·答顾东桥书》）。这主要阐述了"知行合一"学说，要求守住内心底线，知之必实行之，要求管理者与被管理者共同修行，这对投资者行为决策可能会产生的影响表现为"信息获取"，并根据所获取信息去"实践"。但是 2008 年诺思提出，衡量文化对经济行为的影响还存在一系列的困难和争议。对上述问题进行实证研究的文献较为鲜见，更何况是对中国儒家文化影响投资者行为的研究。因此，为探索在现有行为金融框架下，投资者在投资决策过程中是否受限于有限理性，以及文化观念对投资者行为决策是否具有影响，本书基于机构投资者调研、投资实践的实际场景对其进行研究。

随着中国投资者结构由失衡到平衡，机构投资金额持续攀升，个人投资者主导向机构投资者主导的转变，机构投资者在中国证券市场的主力军作用越来越明显。机构投资者是由各个不同的执行者构成的，他们在实地调研过程中获取、判断调研信息，并进行投资行为时，会受到知识、思想价值及多样性文化观念差异的影响。当机构投资者面对多样性文化及复杂的经济环境时，这些因素会对其思想观念造成一定程度的影响，从而影响投资者的认知与投资者的行为决策。基于现有行为金融框架中的行为决策理论和西方经典的管理学理论，机构投资者参与调研后获得信息并据其进行投资的行为是否相对理性？是否实现了调研信息获取与投资决策的一致性？在特定文化背景下，中国儒家文化中的某些观念如"知行观"是否会影响机构投资者的行为决策？要解决这些问题，我们需要在识别调研文本中公司特质信息价值和调研文本表达特征的基础上，从价值投资和市场定价效率的角度，分析调研信息的价值，建立机构投资者在调研过程中的认知模式；在认知的基础上，研究机构投资者是否根据调研信息进行投资决策，并探索中国儒家文化对机构投资者投资行为的影响。具体而言，本书主要探讨：机构投资者所获取调研信息的质量及价值，机构投资者基于调研信息的投资行为，影响机构投资者基于调研信息进行投资决策行为的因素，以及这一投资决策行为对上市公司的影响。

本书在现有行为金融框架中的行为决策理论下，在探索了机构投资者基于调研信息价值进行投资决策的基础上，进一步研究了投资者行为是相对理性的，以及儒家文化对投资者行为产生的影响。本书的研究有别于单纯以行为金融学中羊群效应、非理性行为为基础对机构投资者行为进行的研究，丰富了关于投资者行为的研究思路，有助于拓展和深化行为决策理论。同时，本书也为研究机构投资者认知和行为提供了新视角。

本书构建了调研文本中具体信息内容的测度框架，通过挖掘调研文本中的有价值的信息内容、文本涉及的语义内容，将调研文本分为具有情感属性的以及与经营管理业务相关的信息，为机构投资者认知调研信息价值提供了新方法。本书通过利用机构投资者调研信息中的特质信息对股票收益率进行预测的方法，研究调研信息的价值；将调研信息中的具体内容作为新的收益率预测的观察变量，有助于明晰市场主体信息中所蕴含的投资者信念与市场系统性风险和投资风格的关联性，以改善市场风险管理。调研信息文本中的特质信息传递了公司的内在价值信息，这些信息有助于机构投资者对上市公司的经营情况进行判断，以做出更有效的投资决策，从而实现机构投资者对调研信息的认知与其做出的执行投资决策相统一。同时，在中国儒家文化影响下，这种一致性行为更加明显，正如2006年景海峰提出的中国儒家文化仍具有实践基础和经济价值，这一观点丰富了文化视角下机构投资者行为的影响因素。本书的最后为机构投资者提升金融素养提供了启示。我国的资本市场正处于快速发展时期，机构投资者由于其资金和专业优势而在资本市场中扮演着不可替代的角色，但机构投资者是否能够充分利用信息，做出正确的投资决策，决定了机构投资者的生存、竞争与发展的成败。根植于中国的儒家文化，相较于西方经典的管理学理论，对中国的机构投资者的信念意识和文化观念能进行更有效的指导，能够使投资者更理性、客观地审视市场和评估自身行为，从而提升投资绩效，使其在竞争中立于不败之地。

因此，本书通过构建机构投资者调研信息测度框架，将行为金融学与中国儒家文化相结合，有助于我们深入理解机构投资者调研后的投资行为，改善市场风险管理。此外，本书的研究对机构投资者意义重大，有助于发挥中国儒家文化对机构投资者认知和行为的指导作用，为管理者提高监管效率、制定有效的对策方案提供建议。

1.2 机构投资者行为的研究概述

关于机构投资者的投资行为的相关研究，学者朱建明在 2002 年讨论了作为机构投资者的证券公司的投资行为的演变和趋势。证券公司逐渐从实业投资向证券投资转变，形成了以专有证券投资和资产管理为核心，以风险资本投资为方向的投资格局；而刘万方在 2010 年通过分析我国证券投资基金的数据发现，基金公司在面对同样的市场时会出现不同的投资行为，即基金公司会出现正反馈交易，社保基金则会出现负反馈交易。同时，机构投资者在投资过程中出现了投机和操纵市场的行为。孙晓婷在 2020 年分析发现，在连续下跌的市场中，机构投资者出现了具有处置效应的投资行为，主要表现为较强的投机性，比如追逐热门股票，出现羊群行为；随着市场竞争的加剧，机构投资者获取收益的压力越来越大，其为了追逐利润，希望将预测的资产价格变成投资增值，从而进行投机行为。除此之外，理论和实践表明，机构投资者也通过操纵市场获取超额利润，瓦亚诺斯（Vayanos）2001 年通过其构造的模型发现，机构投资者具有高价卖出股票并低价买回股票的市场操纵行为；普里斯特克（Pristker）2002 年也得到了相同的结论。1996 年 3 月 29 日，野村证券在悉尼股市收盘前 30 分钟开始抛售价值 6 亿美元的股票，企图压低股市指数，以便在澳大利亚普通股指期货套利交易中获利。

基于上述文献，我们不难发现机构投资者会出现有限理性的投资行为。2007 年范立强提出，机构投资者所获取信息的不完善会影响其判断从而产生投资或从众的行为；同时，机构投资者的认知和心理偏差影响其有限理性的投资行为，而机构投资者的认知、心理偏差则受到认知和学习因素及环境文化因素的影响。彭聘龄认为，认知是决策者获取和处理信息的过程。考斯蒂亚（Kaustia）和克努费尔（Knupfer）2008 年的研究表明，机构投资者通过认知的反馈纠正机制，对自身的行为偏差具有一定的自我改正和自我学习的能力。但这种自我认知和学习的过程存在偏差，会引起机构投资者的非理性行为。在环境因素中，文化环境对机构投资者有着重要的影响。由于机构投资者是个人在进行具体的投资行为，因此这些机构中的投资执行者会潜移默化地受到文化因素的影响。文化对投资者的意识和价值观有着根深蒂固的影响，中国作为文化大国，中国的投资者行为更是受到了各种文化因素潜移默化的熏陶。因此，正如李心丹在 2002 年所认为的，受环境和文化影响，中国市场的机构投资者具有稳赚不赔的庄家情结。可见，机构投资者的有限理性行为会受到不断变化的环境的影响。

此外，深入分析机构投资者的行为也离不开对高频数据的剖析，高频数据可以准确反映机构投资者的行为，并反映机构投资者行为的各种特征。2005 年徐龙炳对高频数据进行分析后表明，日内市场的流动性对机构投资者进行数量巨大的交易具有显著的意义。徐龙炳和陆蓉在 2004 年对 2002 年 1 月 1 日至 2002 年 12 月 31 日的 10 267 653 条证券业务部的日内交易数据记录和共计 82 825 个机构投资者账号进行了分析，初步探索了机构投资者的多账户交易和关联交易。

1.3 研究思路与框架

1.3.1 研究思路

本书在探究机构调研信息质量以及建立有效识别调研信息文本特质信息价值的框架基础上，基于行为决策理论，即机构投资者受到的文化伦理及价值观念对其决策行为的指导，探究机构投资者调研信息获取和投资决策的一致性行为，以及中国儒家文化对该行为的影响；并通过检验机构投资者根据所获取的调研信息进行投资决策的一致性，探索机构投资者进行投资决策行为的影响因素，以及该行为对上市公司盈余管理的影响。

首先，明确概念界定与度量。本书界定了机构投资者调研行为，机构投资者在调研过程中获取的调研信息，以及机构投资者调研信息获取和投资决策的一致性行为。借鉴已有研究，本书从行为决策理论和中国传统儒家文化伦理出发，进一步探索文化因素对机构投资者行为的影响，丰富行为决策理论研究。

其次，实证分析机构投资者在调研过程中所获取调研信息的质量并检验其价值。本部分通过分析影响调研信息质量的因素，以及检验机构投资者在调研过程中所获取的调研信息对股票收益率的预测力，进一步验证了调研信息对投资者的资产配置的有效性，分析出机构投资者所获取调研信息的价值，以期为机构投资者做到调研信息获取和投资决策的一致性行为提供先决条件。

然后，实证分析机构投资者调研信息获取和投资决策的一致性行为。基于调研信息文本中的情感属性信息，本部分通过研究，实证检验机构投资者在获取乐观或者悲观的调研信息时，增加或者减少持股比例的变化；分析机构投资者根据所获取的调研信息进行投资决策的行为，达到调研信息获取与投资决策的一致性，以期证实机构投资者行为决策是相对理性的，也为深入掌握影响机构投资者投资决策行为的因素提供依据。同时，本部分实证分析了机构投资者调研信息获取与投资决策一致性行为的影响因素。本部分通过研究，分析影响机构投资者根据所获取调研信息进行投资决策的因素，探讨文化氛围的差异及机构投资者特征对该行为状态的影响，以期从文化角度解释中国儒家文化对投资行为的作用。

最后，实证分析机构投资者调研信息获取与投资决策的一致性行为对上市公司盈余管理的影响，以及发挥机构投资者调研信息获取与投资决策的一致性行为抑制上市公司盈余管理的作用，有助于机构投资者提升自身素养，防范非理性行为，提高投资绩效，在竞争中处于优势地位。

1.3.2 框架结构

基于上述研究目标，本书共分 7 章。具体章节安排如下。

1 是导论。该部分首先分析现有行为金融框架下对投资者行为的研究现状并基于选题背景介绍本书研究的意义；然后详细阐述本书的研究思路、主要研究内容及各章节的安排；最后明确本书研究中所使用的具体方法。

2 是文献回顾。首先，对机构投资者调研与投资者行为的相关文献进行了回顾和评述，主要涉及三个版块的研究，分别是机构投资者调研、机构投资者投资（持股）行为、文化观念对行为决策的影响。在文献回顾的基础上，本章评述了已有文献的成果及研究不足，通过文献学习与逻辑梳理，为本书研究指明了方向，同时发现机构投资者行为与中国传统文化在现代管理学应用的研究领域仍有可拓展空间，为后续研究假设的提出奠定了理论基础。

3 是机构投资者调研信息的质量分析及价值检验。为了研究机构投资者是否做到调研信息获取和投资决策的一致性行为，需要先检验机构投资者获取的调研信息的质量及价值。调研信息价值的高低通过其是否能预测股票收益率来体现。首先，分析机构调研信息的质量及影响因素；其次，挖掘机构调研信息文本中的价值，并对已挖掘的调研文本中的特质信息内容进行测度，将特质信息分为财务、公司治理、社会热点及管理运营几大类；最后，参考鲍恩（Bowen）2018 年的方法，构建用于测度调研信息的代理变量，探讨调研信息内容的驱动因素并进行样本内和样本外预测的分析，以及研究调研文本中上市公司的特质信息对投资组合收益的影响。

4 是机构调研信息获取与投资决策的一致性行为分析。鉴于第 3 章机构调研信息价值的结论，进一步研究机构投资者是否会根据调研信息进行投资决策，从而达到调研信息获取与投资决策的一致性。首先，测度已识别的调研信息文本的语调；其次，通过多元回归分析和倾向得分匹配法（PSM），分析机构投资者调研对持股比例的影响效应，以及机构投资者在调研过程中识别悲观或乐观信息对减少或增加持股比例的影响效应，探究机构投资者在参与调研后增加或减少持股比例对调研者执行投资决策的作用机制，再进行稳健性检验；最后，总结本部分的研究内容。

5 是机构调研信息获取与投资决策的一致性行为的影响因素研究。基于第 4 章的研究结论，首先，本章设定机构投资者调研信息获取与投资决策的一致性行为，即设置机构投资者做到调研信息获取和投资决策的一致性行为为 1，否则为 0；其次，从机构投资者所在地的文化氛围差异、治理水平、所管理投资组合业绩的涨幅、所有权性质角度出发来探索影响机构投资者调研信息获取与投资决策一致性行为的因素，再进行稳健性检验；最后，总结本部分的研究内容。

6 是机构调研信息获取与投资决策的一致性行为对上市公司盈余管理影响的研究。首先，本章设置机构投资者做到获取调研信息与投资决策的一致性行为为 1，否则为 0；其次，本章利用修正 Jones 模型，DD 模型，以及 McNicholes 模型计算应计盈余管理，从国有、非国有，规模大、规模小，信息环境较好和信息环境较差，以及法律环境较好和法律环境较差的角度，探究机构投资者调研信息获取与投资决策的一致性行为对上市公司管理层应计盈余管理的影响；再次，进一步研究机构投资者调研信息获取与投资决策的一致性行为对真实盈余管理的影响，再进行稳健性检验；最后，总结本部分的研究内容。

7 是结论、启示、贡献及展望。首先，总结了本书的研究结论；其次，根据研究结论提出相关政策启示；最后，阐述了本书的贡献，并指出本书研究中的不足、研究局限及未来可改进的方向。

1.3.3 研究方法和处理技术

本书的研究方法和处理技术如下。

（1）文献分析法。

本书基于系统的文献学习，通过梳理经典行为金融理论（behavioral financial theory）和中国儒家文化中的经典思想，以及分析我国机构投资者调研相关文献，确立研究重点。本书依据大量的文献研究结果，结合本书的研究视角与内容，分析开展研究需要的经典理论与相关理论，追踪前沿的研究动态，提炼研究思路与研究设计，规划研究的具体步骤；并且基于研究理论、研究思路与研究设计等前期工作，推进后续研究。具体来说，笔者查阅了关于机构投资者实地调研、投资者行为、文化观念对行为决策的影响的相关文献，力图对相关的文献进行全面了解，在掌握现有文献的基础上，对国内外关于机构投资者实地调研与投资者行为研究的文献进行归纳分析，同时结合当前关于文化因素对投资者行为影响的相关文献，得出当前这方面的研究还处于空白阶段，并以此作为本书的突破点。只有较为全面地掌握了该领域的相关文献，才能为之后机构投资者参与调研并根据调研信息进行投资决策，以及该行为对上市公司发挥治理作用的研究假设的提出找到理论依据和文献线索。这一方法贯穿全书。

（2）中文文本自然语言处理技术。

本书对典型机构调研文本进行人工语义标注，构建基础经营管理特质信息和表达行为语义库，结合无监督、监督分类和识别算法进行小规模人工智能（AI）语义识别试验，再抽样进行人工编校完善语义库；结合实证应用结果反馈，补充完善经营管理特质信息和表达行为内容；选择并改进中文文本语义算法和模式，运用 Python 软件编写标注工具、机器学习算法和 NLP 应用，进行文本内容信息的测度与计算。

具体地，首先，本书在 Python 语言中引入 jieba 程序包①，依靠 jieba 自带分词词库和作者自定义分词词库②对调研活动信息文本进行分词，分词结果为"词语（词组）+词性"。然后，在 Python 中引入 NLTK 程序包③对所有调研活动信息文本中的词语（词组）进行词频统计，并将词频由高到低排序，共得到词语（词组）127 521 个。此外，剔除字数小于 2 的词语（词组）、与金融市场无关的词语（词组），然后按照词性将标点符号(x)、连词（c）、时间词（t）、拟声词（o）、介词（p）、量词（q）、代词(r)、语气词（y）剔除。最后，人工提取调研信息文本中关键词语（词组）。由 3 名研究方向为金融市场文本分析的研究者将以上经过筛选的金融市场词语（词组）进行手动提取，主要提取财务类、公司治理类、资本运作、社会热点、悲观情绪及乐观情绪类词语（词组），并将这 3 名研究者所提取的各类型词语（词组）取相同部分，形成调研活动信息文本的各类词语（词组）的关键词。该方法贯穿全书。本书构建的具体词库内容见附录。

（3）统计分析法。

本书在进行主要研究之前，先对样本数据，包括全样本数据及各分样本数据，包括调研报告的特质信息内容、情感属性内容、机构投资者特征变量、上市公司特征变量、控制变量进行描述性统计，获得样本数据的基本统计特征和分布规律，为后续的实证回归提供前提条件。这一方法的应用主要体现在本书的第 3、第 4、第 5 及第 6 部分。

（4）实证分析法。

本书使用机构投资者所获取的调研文本和我国 A 股市场数据展开实证研究，发现机构调研文本的价值，分析机构投资者是否做到调研信息获取和投资决策的一致性行为，影响机构投资者调研信息获取和投资决策一致性行为的因素，以及该行为对上市公司盈余管理的影响，运用 R 和 Python 软件进行分析。具体有以下三种分析方法：

①回归分析法。研究核心部分——机构调研文本的上市公司特质信息

---

① 专业的 Python 中文分词组件。

② 本章自定义分词词库的格式为：词语、词频、词性。词库词语主要包括金融专业词汇、上市公司名称（简称）、社会热点词汇、金融市场资讯词汇等。由于篇幅有限，作者自定义分词词库在附录中予以列出。

③ 自然语言处理（NLP）领域里经常被使用的一款工具，在本书中主要用来做词频统计。

价值发现，机构投资者所获取调研文本内容的特质信息对市场收益具有预测作用，参考韦尔奇（Welch）和戈亚尔（Goyal）2008 年、坎贝尔（Campbell）和汤普森（Thompson）2008 年和蒋等人 2019 年等的研究框架，采用单变量预测模型、MSFE 检验，考察调研文本对市场收益的预测能力；通过运用最小二乘（OLS）分析机构投资者是否根据调研信息进行投资决策，以及该行为状态对上市公司盈余管理的影响；采用逻辑回归（Logistic Regression）探索影响机构投资者根据调研信息进行投资决策的因素；此外，采用两阶段最小二乘（2SLS）与 Fama-Macbeth 回归进行稳健性检验。这些方法的应用主要体现在第 3 章、第 4 章、第 5 章及第 6 章。

②倾向得分匹配法（PSM）。随机实验方法能够解决变量间的因果关系，但是随机实验方法难以在大多数社会研究中进行推广，这是因为受到经济成本等因素的限制。因此倾向得分匹配法的兴起解决了研究的内生性问题，也保证了研究结论的可行性。该方法的基本思想是，在评估某项政策的效果时，如果可以找到一个与处理组尽可能相似的对照组，则可以降低样本选择的偏倚。但是，在搜索对照组的过程中，仅使用一个特征不可能获得令人满意的匹配效果，因此需要通过多个匹配来完成，倾向得分匹配可将多个特征浓缩成一个指标，完成多元匹配。具体地，首先选择协变量，其次使用逻辑回归进行倾向得分估计，再进行倾向得分匹配，在匹配时选择两大类方法，即最邻近匹配法和整体匹配法，最后根据匹配后的样本计算平均处理效应（ATT）。计算倾向分值（PS）及平均处理效应的公式在第 4 章中体现。

③主成分分析法（PCA）。主成分分析法将具有一定相关性的多个指标转换为互不相关的几个综合指标。具体而言，将多个指标转换为几个不相关的综合指标，即将原始指标进行线性组合，并要求每个指标都反映一定量的信息。原始指标信息越多，方差越大，并且按照方差的大小进行排序，这被称为第一主成分，第二主成分……每个主成分彼此独立。本书为了对机构投资者的治理水平进行评分，将多个机构投资者的公司治理变量转化为综合治理评分，因此使用了主成分分析法。这一方法体现在第 5 章。

1.3.4　主要创新点

本书的创新性主要体现在以下几个方面。

第一，现有研究将引起机构投资者行为决策的动因归因为心理因素；

但是，关于文化因素尤其是中国传统文化中的儒家文化对机构投资者决策行为影响的研究较为缺乏。本研究利用机构调研信息文本大数据，基于调研文本中特质信息价值识别，分析了儒家文化对机构投资者行为决策的影响，实现了中国儒家文化对中国投资者的本土指导，揭示了文化因素对投资者行为决策的影响。这一研究是对行为金融理论的补充和拓展。

第二，已有关于机构投资者调研及投资行为的研究大多集中于调研频次所产生的影响或者单独研究获取、处理调研信息的过程。本研究从机构投资者获取的调研文本角度出发，研究机构投资者基于所获取的调研信息进行投资决策的行为，运用交叉学科理论与方法，融合金融学和自然语言处理的理论和方法，针对调研信息表达特定场景，结合股票市场资产定价与风险管理的应用目标场景，系统性地构建调研信息表达大数据的知识发现平台，丰富、拓展金融市场大数据环境下知识发现的研究，具有鲜明跨学科交叉领域研究的特色。

第三，现有关于信息价值的研究主要集中于研究调研活动所产生的经济价值，而本书是在构建了机构投资者获取调研信息中特质信息词库的基础上，从机构投资者获取的调研信息能够预测股票收益率的角度出发来研究调研信息的价值，既对已有关于信息价值挖掘的方法起到了补充作用，也为以后相似的研究提供了借鉴思路。

2 文献回顾

本章首先回顾了与机构投资者调研、投资（持股）行为相关的文献；同时，为了深化研究，本章也对金融管理学中与文化观念相关的文献进行了回顾，并对这些文献的研究成果进行了归纳、总结和评述，还描述了本书相关内容与现有文献的差异。这些相关理论回顾也为后续的研究假设提供了理论基础，辅助了本书的研究。

2.1 机构投资者调研的文献回顾与评述

学界关于机构调研的研究文献较多，但从本书研究的需要出发，此处着重梳理有关机构投资者调研对市场及投资决策的影响等方面的研究文献。

什么是机构投资者调研？要厘清这一问题，首先需阐释什么是机构投资者。兰俊美于 2019 年提出，当证券市场发展到一定阶段时，机构投资者是金融信托业社会分工专业化的产物。在中国，机构投资者是指在金融市场从事证券投资的法人机构，包括基金公司、保险公司、信托公司、银行等。中国证券监督管理委员会（简称"中国证监会"）1997 年发布的《证券投资基金管理暂行办法》，使得机构投资者正式进入市场；1998 年首个封闭式基金的建立及运作使得真正意义的机构投资者形成；2000 年证监会强调超常规地发展机构投资者，使得机构投资者发展得更加迅速。宫玉松和申屹将机构投资者定义为由专业人士运作大量资本而进行投资活动的机构。由于机构投资者具有资金实力雄厚和专业团队运作等特征，因此，本书所研究的机构投资者是指在证券市场中，通过机构筹集资金，为获取收益而进行投资活动的组织，主要包括基金公司、券商、银行等金融机构。

机构投资者调研是指机构投资者前往上市公司所在地，通过与上市公司管理层或者其他工作人员面对面交流，参观上市公司工厂等方式，来了解上市公司的发展战略等行为。参与调研的机构投资者（一般是基金经理和证券分析师）通过与上市公司管理层的沟通交流获取自己想要获得的信息，而上市公司的接待人员（通常为董事会秘书等高管）会根据机构投资者等的提问和上市公司的自身情况做出回答。因此，机构投资者在调研过程中所获取的信息具有信息含量大，信息深度深和可信度高的特点；同时，由于机构投资者先于其他投资者获得调研信息，因此，调研信息具有一定的私密性。

2.1.1 机构投资者调研对市场的影响

机构投资者调研是机构投资者与上市公司管理层进行直接沟通的方式之一。机构投资者通过参观、访问上市公司并与上市公司管理层沟通等方式，对上市公司经营状况进行判断并做出是否投资的决策。从已有公开发表的文献看，有关机构投资者调研对市场影响的研究，多集中于机构调研的市场效应、机构调研对信息不对称的影响和机构调研对公司治理的影响等方面。

一是关于机构投资者调研影响市场反应的研究。程（Cheng）等人在2019年采用深交所"互动易"的机构调研的信息内容发现，当机构投资者在调研过程中所涉及的话题与上市公司会计和财务主题高度相关时，机构投资者调研的市场反应会更加强烈；调研前后的股票回报与上市公司的业绩显著正相关，表明机构投资者调研能够影响上市公司的股票价格。同时，机构投资者调研对股价崩盘的影响也引起了学者们的关注。高（Gao）等人2017年发现机构投资者参与的调研次数越多，其持有的股票价格崩盘的风险就越大；陆（Lu）等人2018年通过分析2009年至2014年的数据也发现，崩盘的风险随着调研次数的增加而升高，对披露质量较低、投资者意见较为分散的非国有企业而言，机构调研的频率高同样会增加其崩盘的风险。鲍（Bowe）等人2018年通过检验机构发布的调研信息内容及调研前后的内部交易发现，机构投资者在调研过程中所获取信息的语调与股票市场的反应具有相关性。但岳（Yue）等人2020年通过检验基金公司调研上市公司的频率，却发现基金公司调研次数越频繁，其业绩就越好，并且这种表现在规模中等的基金公司中更明显。这些研究说明机构投资者调研的频次、调研信息内容等对上市公司的市场反应具有较大的影响。

二是关于机构投资者调研影响信息不对称的研究。现有文献表明，机构投资者调研改善了信息不对称的问题，这是学界比较一致的看法。罗伯茨（Roberts）等人在 2006 年的研究发现，投资者与上市公司管理层的直接沟通有助于投资者获得投资决策的增量信息，减少信息不对称的问题的出现。孔东民等人在 2015 年的研究认为，机构投资者通过对上市公司的实地调研获得信息优势，减少信息不对称的问题。曹新伟等人在 2015 年的研究发现实地调研的强度越大，股票的同步性越低，表明机构投资者调研缓解了信息不对称的矛盾。因此，机构投资者对上市公司的实地调研是其获取信息的重要途径，程小可等人在 2017 年提出，实地调研作为投资者与上市公司内部人员直接沟通的渠道，有助于提高信息传播效率。林（Lin）等人在 2017 年采用 2009 年至 2014 年深市创业板的数据对机构投资者调研与信息披露的关系进行了探讨，发现相较于网络会议、电话会议和投资者见面会，上市公司的实地调研对上市公司的信息披露质量影响更大，更能缓解信息不对称的矛盾，并且这种效果在券商及基金公司主导的实地调研中更明显。李昊洋在 2018 年对机构投资者调研与信息效率进行了全面的总结，通过从上市公司的披露行为、披露质量及资本市场的定价效率出发，发现机构投资者实地调研能够提升管理层盈余预测的及时性、年报披露的及时性，并有助于辨别公司传闻的真假，降低公司负面传闻的不利影响，最终提高信息披露质量水平，缓解信息不对称的矛盾。

深圳证券交易所于 2006 年发布《深圳证券交易所中小企业板上市公司公平信息披露指引》，其中强制要求上市公司需向管理部门发布投资者关系管理活动，其中包含了机构投资调研信息；上海证券交易所也于 2012 年发布《上市公司日常信息披露工作备忘录——第四号》，其中也要求上市公司需在上交所网站"上市公司"专区发布调研信息。机构投资者实地调研增加了其获取调研信息的数量，并将所获得的私有信息通过上交所、深交所规定的平台进行发布，转化为公开的信息，从而提高了调研信息披露的质量并减少了信息不对称问题。因此，基于上市公司在深交所及上交所发布的调研信息这一数据，谭松涛和崔小勇在 2015 年通过对 2012 年 7 月至 2013 年 12 月深交所上市公司的调研数据进行分析后发现，机构投资者调研降低了分析师预测的准确性，加强了其预测的乐观程度，但对信息透明度较差的公司，机构调研有助于提高信息效率，改善信息不对称的矛盾。进一步地，蒋艳辉与郑佳尔 2017 年通过研究 2011 年至 2014 年上市公司在深交所"互动易"平台上的问答发现，公司的及时回复对消除股市信息不对称有着正面作用，从而说明调研信息的及时披露能够减少市场信息不对称的问题。

三是关于机构投资者调研对公司治理的影响。现有的相关研究主要从盈余预测、盈余管理和公司创新等方面展开。2014 年多尔芬（Dolphin）和 2019 年董永琦认为机构投资者调研有助于投资者发挥其对上市公司的监督作用，使得公司的经营管理体系更加完善。谭劲松和林雨晨在 2016 年也认为机构投资者调研是其参与公司治理的重要方式之一，机构投资者调研有助于提高公司的治理水平。贾琬娇等人 2015 年通过分析 2009 年至 2012 年分析师的实地调研数据发现，实地调研不仅可以获取被调研公司的价值信息，可以帮助分析师增加其行业知识和经验，还可以对公司和行业中的其他公司进行精确度更高的盈余预测。程小可等人 2017 年对机构投资者实地调研与管理层盈余预测方式的关系进行了探索，认为机构投资者调研作为投资者与上市公司内部人员进行直接沟通的行为，改善了信息环境，提升了盈余预测的准确性；并且机构投资者对非国有企业的实地调研更能提升其盈余预测的准确性。李春涛 2018 年通过检验机构调研对企业盈余管理的影响，发现机构调研能够显著地降低盈余管理及报告微利的概率，对上市公司起到了治理监督的作用，并且这种治理效应在券商和基金公司对上市公司进行调研后表现得更加明显。同样，王珊 2017 年也发现实地调研能够抑制上市公司的盈余管理，这在信息环境较差的上市公司中更加显著，说明机构投资者调研对改善公司盈余质量有着积极的影响。

同时，机构投资者调研活动可以显著地减轻公司融资约束。翟淑萍和袁克丽在 2019 年利用 2013 年至 2017 年深市 A 股上市公司的样本，研究分析师的实地调研对公司融资约束的影响，发现增加分析师的实地调研数量可以减轻公司的融资约束，并且调研信息的语气越积极，就越有助于减轻融资约束。此外，机构投资者调研也对公司的创新产生了一定影响，而这种影响间接反映了机构投资者调研对公司治理的影响。蒋（Jiang）和袁（Yuan）在 2018 年对机构投资者和企业创新的关系进行检验，发现机构投资者调研能够促进公司创新，这种影响力在那些信息环境质量较差、公司治理水平较低的上市公司中更加深远。张勇等人 2018 年也发现机构投资者对上市公司的实地调研活动会显著提高被调研上市公司创新水平。杨鸣京等人 2018 年采用类似张勇等人 2018 年的研究数据，再次验证了机构投资者实地调研会对企业创新产生作用。

综上表明，机构投资者调研通过与上市公司管理层面对面的沟通交流，使得被调研的上市公司管理层了解到投资者关注的部分及其建议与要求，促使上市公司管理层在管理上做出相应改进，从而可以提高管理层对公司的治理水平。

2.1.2 机构投资者调研对投资决策的影响

关于机构调研对投资决策的影响，国内外学者都比较关注，对其展开了较多的讨论和研究。由于与公司管理层进行私下沟通交流被投资者认为是普遍的调研方式，因此，与机构调研对投资决策影响有关的研究文献，大多是从投资者与上市公司管理层私下沟通交流这一角度加以展开的。较为一致的观点认为，机构调研会影响投资者的交易行为、投资决策及投资回报；投资者通过获取的调研信息进行投资决策。

（1）国外学者关于机构调研对投资决策影响的研究。

弗兰克尔（Frankel）等人 1999 年通过研究上市公司电话会议，发现机构投资者在与上市公司进行电话会议时，股票交易量及收益的波动率有所提高，说明机构投资者利用其在电话会议期间所获取的信息进行了交易。霍兰地（Holland）和多兰（Doran），施纳特（Schnatterly）等人研究认为，机构投资者受到了信息优势的激励，更愿意在与上市公司管理层的特殊关系中获取更多信息，为其做出更有利的投资决策。有调查证据表明，大部分的上市公司首席执行官都会与投资者在私下进行会面，并且投资者在私下会面过程中对上市公司未来的展望、财务绩效及一些特定部门的结果更感兴趣。沃特斯（Waters）在 2010 年通过对基金经理的投资交易的研究，发现基金经理根据其在调研过程中获得的私有信息和上市公司公开披露的信息之间的差异进行交易。松本（Matsumoto）2011 年发现，在投资者与上市公司之间的电话会议中，互动式讨论的过程可以帮助投资者获取相关信息，并且该信息可以帮助投资者做出投资决策。叙巴舍（Subasi）2011 年通过对机构投资者出席会议的调研，发现机构投资者在公开宣布收购前增持了并购目标公司的股份，表明机构投资者在所参加的会议上的交流沟通中获取了大量有价值的信息，从而影响其投资决策。斯威策（Switzer）和科克萨尔（Keushgerian）在 2012 年从探索机构投资者调研获取的私有信息价值对交易模式和专业投资者业绩的影响中发现，投资者对上市公司的实地调研显著地影响了其交易活动，调研对所搜集有价值、新的信息有着至关重要的作用，这些信息有助于投资者进行交易决策。所罗门（Solomon）和索尔特斯（Soltes）2015 年通过对在纽约证券交易所上市的公司的研究发现，投资者与上市公司管理层面对面的私下交流有助于投资者做出更明智的交易决策。他们从投资者与公司管理层进行私下会面的研究中进一步发现，投资者与管理层会面时的投资者交易相较于没有进行会面时的投资者交易的相关性更强，特别是对冲基金，即那些对上市公司进行调研的对冲基金会在公司股票业绩较好时买入，业绩较差时卖出，表明机构投资者通过实地调研的沟通和交流获取了更多有效的信息，从而做出知情的交易决策。

布希（Bushee）等人也对投资者与公司管理层的私下会面进行了全面的研究，发现当公司经理人参与了仅向受邀者开放的会议时，在会议期间的三天内，其股票收益与交易量均有显著变化，表明受邀参加调研的投资者除正式会议外，在与上市公司管理层的私下会面上也能获得优势信息，从而影响其交易。布希等人 2017 年佐证了上述的研究结果，认为当上市公司管理层与投资者在线下进行会面时，在此期间的交易规模会显著扩大。这不仅说明机构投资者与公司管理层的"选择性访问"能够影响投资者的交易行为，同时也说明投资者认为选择性地对上市公司进行访问所获取的信息是有价值的，表明投资者在调研过程中所获取的信息能够促进投资者进行交易。除此之外，布希等人 2018 年从上市公司管理层乘坐商务飞机到金融中心与投资者进行私下会面的角度出发，对投资者与上市公司管理层的交流等行为及影响进行了研究，发现飞往金融中心的航班数量与投资者进行私下沟通交流的次数显著相关；同时，公司管理层飞往金融中心会对股票的交易量产生影响，股票的交易规模及换手率会增加。这都说明无论上市公司管理层通过哪种方式与投资者会面，投资者通过与上市公司管理层私下会面这种获取信息的方式能够影响其信息获取与投资决策。

（2）国内学者关于机构调研对投资决策影响的研究。

杨海燕等人 2013 年在研究中将机构投资者视为资本市场中的重要投资主体，与个人投资者相比较，机构投资者能够更好地对信息进行甄别从而做出投资决策。孔东民等人 2015 年通过研究共同基金访问上市公司的行为，得到了相似的结论，即共同基金在对上市公司的访问交流中获得了信息优势，投资者利用这些信息优势进行投资决策。同时，机构投资者在实地调研过程中对上市公司的生产状况、办公状况进行了解，在与管理层面对面的交流中，从管理层的预期、语调及肢体语言等方面获取非公开的信息，进而根据这些信息进行投资决策。曹（Cao）等人2017年从私有信息获取及企业投资的角度考察了机构投资者调研，研究发现调研越频繁，企业过度投资越少，并且，投资者从调研活动中发现更多有价值的信息，可能会对其投资决策有更大的影响。赵磊2018年提出，相较于那些没有和上市公司管理层进行私下会面的机构投资者，那些参与了调研的机构投资者更容易获取私下的信息，并根据其所获取的信息进行交易。因此，机构投资者在实地调研过程中获取了有助于投资决策的增量信息，从而影响其投资决策。

此外，国内学者还就机构调研对公司股价波动、公司并购的影响进行了研究。丘彦强和许林2019年对基金公司与上市公司股票价格波动之间的关系进行实证检验得出的结论表明，基金公司的实地调研发现了很多与上市公司有关的价值信息，这些信息将影响投资者对股票价格的判断，并使投资者减少或增加股票购买的行为，从而加剧上市公司股价的波动。傅祥雯等人2019年通过对机构调研与并购公告的市场反应的研究，证明机构投资者调研所获取的信息对其进行并购产生了影响。

上述中外研究文献表明，机构投资者调研能够影响投资者的交易行为与投资行为，在调研过程中所获取调研信息亦能够影响其投资决策，使其在交易过程中获取更多的投资回报。同时，这些研究从机构投资者调研的内涵，机构投资者调研行为产生的经济后果能改善资本市场的信息环境、改善公司治理、影响投资者对上市公司的投资决策等方面进行了分析研究。这些研究都证实了机构投资者调研对市场反应、上市公司信息披露及公司治理产生了较好的影响，并且也对其投资决策产生了较大的影响。

我们综合这些文献可以看出，与机构投资者相关的研究虽然取得了较为丰富的成果，但仍存在一些不足之处，主要表现在：缺乏以机构投资者调研信息内容文本的视角来探究机构调研并获取有价值的信息，以及机构投资者基于发现的信息价值进行投资决策的相关研究。因为在已有关于机构投资者调研的相关研究中，大多都是基于调研行为，特别是机构投资者参与调研的频率的视角来考察其对上市公司市场价值、信息效率的影响。然而，这些研究仅仅度量了调研行为，而难以确定机构投资者调研后的投资决策是否根据调研过程中所获取的调研信息而执行的。因此，已有的与机构投资者行为相关的研究难以度量机构调研所获取的信息，即使在获得和判断调研信息的价值之后，也无法观测机构投资者做出的投资决策的经济后果。2018 年，李昊洋指出，机构投资者作为资本市场中的资金提供方，其获取信息的行为直接影响着上市公司和资本市场。本书基于此，在构建调研信息内容测度框架的基础上，挖掘调研信息价值，并基于调研信息，检验机构投资者是否根据所获取的调研信息执行投资决策，以期补充完善现有研究。

2.2 机构投资者投资（持股）行为的相关研究

2002 年娄伟和 2005 年王琨和肖星都认为，机构投资者投资（持股）行为是机构投资者受上市公司的规模、业绩及收益率等因素的影响，对其所持有的上市公司股票增加或者减少持有的行为。

2.2.1 机构投资者持股行为对市场影响研究

首先，机构持股加剧了股价的波动。德朗（Delong）等人 1990 年发现机构投资者的积极反馈行为导致了市场价格的波动，从而导致股票价格的偏离。西亚斯（Sias）1996 年分析了 1977 年至 1991 年美国机构持股比例和股价波动的数据，发现机构投资者偏好高风险资产，这提高了股价波动概率；进一步，西亚斯在 2006 年发现，机构投资者更偏爱并更多地关注高股价波动率的股票。机构投资者增加所持有的股票加剧了股票价格的波动。李莲（Lilian）和吴（Wu）2007 年发现，根据上海证券交易所 A 股月度数据，中国的机构投资者对小公司股票的波动率产生更明显的影响。姚颐和刘志远在 2008 年以及相二卫在 2008 年将整个市场分为繁荣期和萧条期，并以 2001 年至 2006 年的基金为研究对象，他们发现，基金的交易行为加剧了市场的萧条和繁荣期股价的剧烈变动。史永东和王金乐 2014 年使用倾向得分匹配模型得出了类似的结论，即当市场在上升时期时，机构投资者提高了市场的波动率；当市场处于下降阶段时，机构投资者降低了股价的波动率。进一步地，陶可和陈国进在 2011 年和 2012 年分析了机构投资者日净买率等指标，结果发现机构投资者在牛市中加大了股价的波动性，但在熊市中对股票价格的波动率影响微弱。这表明机构持股在萧条期、繁荣期或者牛熊市，对股价波动的影响各不相同。蔡庆丰和宋友勇在2010年利用1998年至2008年上交所及深交所上市公司的月度数据，研究中国基金业跨越式发展对市场波动率的影响，发现偏股型基金总资产规模的增加加剧了大盘指数的波动，因此基金业的发展加剧了机构重仓股的波动，并没有起到稳定市场的作用。同时，刘奕均和胡奕明在2010年在分析了2005年至2008年中国A股上市公司的数据后发现，机构投资者的交易行为加剧了市场的波动。徐浩峰和朱松在2012年提出，由于中国机构投资者具有"投机性"，机构投资者的交易容易导致证券价格泡沫。

首先，有研究认为，机构投资者持股减缓了股价波动，起到了稳定市场的作用。研究者认为，这是因为机构投资者是比个人投资者更贴近理性人的群体，他们充分且有效地利用了所获取的信息，从而可以提高资产定价效率并抑制市场波动。维尔默斯（Wermers）在1999年通过分析1975年至1994年美国的共同基金后认为，当基金大量买入并长期持有时更有利于市场稳定。而波希（Bohi）和Brzeszcyriski在2006年和2009年基于1994年至2003年波兰股市的数据及研究波兰养老保险改革，发现养老保险基金入市后股价波动率显著降低，认为社保基金入市能稳定股价。中国学者唐大鹏等人在2014年通过分析2007年至2013年沪深A股的交易数据，探究了社保基金对股票定价效率的影响，当市场处于平稳期时，社保基金能降低股票风险，提升了资本市场的有效性。同样，胡大春和金赛男在2007年在分析1999年至2004年中国A股的交易数据后发现，基金持股对市场的稳定起到了一定的作用；周学农和彭丹在2007年通过分析中国股票市场上的上证指数与深证成分指数的日收益率后也得到了同样的结论。由此可说明，无论是在美国市场、波兰市场，还是中国市场，无论是共同基金还是保险基金，机构投资者持股对市场和股价波动率都起到了稳定作用。贝米勒（Bermile）等人在2015年的研究发现，地理位置对机构投资者持股具有一定的影响，机构投资者更倾向于投资离自己地理位置更近的股票，因为机构投资者更擅长挖掘相关信息并利用信息不对称性进行投资，并且他们的投资者行为会增加股票价格的信息含量，进而市场效率也有所提高。游家兴和汪立琴在2012年考察了2006年至2010年中国非金融上市公司后，发现机构投资者参与市场活动加深了整个市场的理性程度，公司的特质信息能通过股票价格反映出来，再次证明了机构投资者根据所获取的信息进行投资有利于增强市场的稳定性。

其次，有学者发现，机构投资者的持股和交易行为能够影响市场效率，具体体现在：机构投资者的持有和交易行为可以促进股票价格的变动以反映公司的盈余信息，机构投资者通过对上市公司的信息挖掘来提高市场效率。巴托夫（Bartov）等人2000年发现机构持股与公告后的异常收益率显著负相关，表明机构投资者的活动（机构投资者的控股行为），可以缓解盈余漂移的异常问题，并促进股票价格调整以适应新的信息。艾尔斯（Ayers）和弗里曼（Freeman）2002年发现，机构投资者的持股行为可以促进未来盈余定价，而分析师和机构投资者所持股票比其他股票更好地反映了市场效率。彼得罗斯基（Piotroski）和鲁尔斯通（Roulstone）2004年通过分析机构投资者、分析师及公司内部人士，发现股票收益的同步性与分析师的预测活动正相关，表明机构投资者的持股行为促进公司在特质盈余中反映股票价格。蔡（Cai）和刘（Lau）在2015年通过研究盈余公告的知情交易推动了共同基金的增长后，发现买入组合在盈余公告附近的超额收益能够预测基金下一期的收益，即机构投资者增持行为后的超额收益率能够预测收益。此外，张蕊和管考磊在2017年提出，机构投资者利用自身持股份额较大的优势，通过助推股票价格的暴涨或暴跌来获取更高收益，从而降低市场的整体效率。同时，信恒占在2017年基于季度数据研究机构投资者持股的持续性，发现合格境外机构投资者及基金能够提升被投资上市公司的业绩。

再次，机构投资者的持股行为对上市公司盈余管理及公司治理的影响也引起了学者的关注。沃菲尔德（Warfield）和怀尔德（Wild）1995年发现机构投资者持股行为对上市公司内部盈余管理起到了积极的监督作用。钟（Chung）等人2002年通过将可操控性会计应计项目作为盈余管理的衡量标准，研究机构投资者对上市公司的监管作用，研究发现机构投资者基于自身实力和资本，有能力对被持股的上市公司进行监督，甚至有实力参与公司治理，其研究结果表明，随着机构投资者对上市公司持股比例的增加，所持上市公司的盈余质量也随之提高，盈余操纵行为减少。伯恩斯（Burns）等人2010年的研究发现，机构投资者的持股比例与盈余管理显著负相关，该研究结果表明，机构投资者持股比例越高，越能有效参与上市公司的治理，发挥控制和制衡作用，证明了机构投资者持股比例可以对被投资上市公司起到治理作用。Atting 2013年发现机构投资者持股会影响管理层薪酬的多少，这种影响会因为机构投资者类型的不同而不同，同时，他还发现机构投资者持股会减少企业在经营过程中的不合理支出。乌尔（Ugur）2013年也发现机构投资者持股对上市公司盈余管理具有正向影响，但这种影响以所处的外部环境为基础，只有市场机制完善，机构投资者的监督作用才能发挥出来。李维安和李滨在2008年证明，机构投资者对上市公司的持股增强了管理层治理动机的积极性，并有效地改善了公司的内部治理和提高了经营绩效。唐松莲和袁春生在2010年发现，机构投资者的持股可以提高企业绩效，机构持股比例越高，企业绩效越好。李争光等人2015年根据机构投资者占上市公司的持股比例进行分组，发现与短期机构投资者相比，中长期机构投资者更为稳健，并且对被投资上市公司的会计信息的稳健性影响更强。黄启新2017年发现，机构投资者持股对具有不同产权性质的上市公司的监督和制衡效果不同，即机构投资者仅对非国有上市公司进行监管，而对国有上市公司的监管作用并不明显。此外，余怒涛等人2020年研究发现机构投资者持股能够抑制应计盈余管理，并且机构持股对真实盈余管理也有一定的抑制作用。

最后，上述研究表明机构投资者持股对上市公司治理和盈余管理具有正向作用，但有学者认为，机构投资者持股没有发挥积极作用。布里克利（Brickley）等人1988年发现机构投资者为了追求短期经济利益，其频繁的投资行为加强了被投资上市公司的盈余管理。波特（Poter）1992年发现，机构投资者的持股在上市公司的监管中没有起到作用，机构投资者的股权比例与会计信息质量呈显著负相关，表明机构投资者持股对上市公司的监督存在一定的局限性。阿尔马兹布（Almazb）和斯塔克斯（Starks）2005年发现被机构投资者持股的上市公司存在更多的盈余操纵，盈余质量也有一定的问题，表明机构投资者持股在上市公司中没有发挥监督作用。同样，一些国内学者得出的结论是，机构投资者持股不能对上市公司起到监督作用。高群等人2012年发现机构投资者持股比例相对较低的上市公司，其管理层更易进行盈余操纵。邓可斌和唐小艳2010年研究了2004年到2008年的沪深两市的数据，发现机构投资者存在短视行为，机构投资者持股使上市公司盈余管理程度更深，这种现象在国有上市公司中更为明显。宋建波和田悦2012年发现，机构投资者对上市公司的持股行为在监督和治理中发挥积极的作用。机构投资者持股比例越高，上市公司的盈余持续性就越低。因此，机构投资者的持股增加了上市公司的短期行为。张婷婷等

2018 年发现，机构投资者持股增强了被投资上市公司操纵盈余的动机，达到短期内提高公司业绩的目的。

2.2.2 影响机构投资者投资行为的因素

影响机构投资者投资行为的因素也引起了学者的关注。通过研究，学者发现交易方式和分析师对机构投资者的行为有一定影响。格林布拉特（Grinblatt）和科洛哈尔朱（Keloharju）2000 年使用芬兰的交易数据分析了 1994 年 12 月至 1996 年 12 月的六种不同类型交易者的行为，发现不同的交易方式对机构投资者的投资行为产生了影响；分析师在信息发现和信息传播中发挥了重要作用。沃马克（Womack）1996 年发现，分析师的预测具有很大的信息含量。斯金纳（Skinner）1990 年直接将分析师用作知情交易的代理变量，他认为分析师的预测为机构投资者做出最佳投资决策提供了思路。

笔者梳理上述文献发现，关于投资者行为决策的相关文献大多是基于行为金融理论，将完全行为决策和有限行为决策贯穿其中，运用了行为科学和心理学的研究方法，研究投资者的非理性行为。这些行为大多基于心理因素，即产生于个人内因的行为决策，具体表现为认知偏差，体现在获取信息、加工信息、输出信息及反馈信息等阶段。因此，行为金融的研究成果为研究投资者的理性行为和非理性行为提供了思路，但是上述研究还存在一些局限，主要表现在研究不能完全反映经济社会发展情况。投资者投资行为的产生不仅仅局限于投资者的个人心理，近年来，互联网的发展带动金融经济迅速发展，这些都对证券市场产生了重要的影响。因此，外部社会环境对投资者行为决策的影响也值得探究，以此为决策行为和市场监管提供指导，为防范金融风险提供支持。因此，本书研究的机构投资者调研信息获取，并是否根据所获取的调研信息执行投资决策，正是基于社会环境和外在文化因素进行的，与上述研究存在差异。

而已有的机构投资者投资行为的相关文献，大多都集中在研究机构投资者持股比例的变化对股价波动、资本市场稳定性的影响，以及机构投资者持股对市场效率和被投资上市公司盈余管理和公司治理的影响。其具体表现是从早期的横向研究延伸到时间序列和面板研究，基于年度数据、季度数据到高频日内数据，以及通过自回归模型来研究机构投资者持股行为对上市公司的影响。但是，目前的研究缺少基于文本数据的对机构投资者持股行为及执行投资决策的研究，特别是缺乏机构投资者在实地调研及获取调研信息后，对被调研上市公司股票的增减持行为的研究，即机构投资者在调研后是否根据获取的调研信息执行投资决策。本书基于机构投资者参与调研所获得的信息文本，研究机构投资者是否根据所获得信息内容进行持股的增减，并分析了其增减持股行为对市场效应及对上市公司内部治理的影响。

2.3　文化观念对行为决策影响的研究

有学者指出，文化与行为决策的关系一直是有待揭开的"黑箱"，文化在行为决策理论中扮演着重要的角色，它是影响人们决策的重要因素，也是造成人类行为差异的根本原因。诺斯（North）1990 年将文化定义为"通过教育或模仿方式将知识、价值观或其他影响行为的因素在代与代之间进行的传承"。文化是历史发展的体现，作为人类历史发展积累的物质财富和精神财富的总和，它不仅包括世界观、价值观和生活观等意识形态内容，还包括自然科学、技术、语言和文字等非意识形态内容，在客观上文化具有一种极其强烈的、切割不断的历史传统性质。不管基于何种定义，其共识在于"文化包含一套持久的信念或价值观，它影响着个体的感知、偏好、决策和行为"。韦伯（Weber）和赫斯（Hsee）在 2009 年提出文化差异成为判断和决策的潜在因素，这种文化差异存在两种不同的层次，第一层是为了发现处于不同文化中的成员的行为的显著差异，第二层是为了确定导致行为差异的潜在文化价值观。换言之，从第二个层次来看，这种潜在的文化价值观有助于识别行为差异，从而影响投资者行为决策。威廉姆森（Williamson）2000 年从制度经济学的角度强调习俗、传统文化等非正规机制可以调节人们的认知和期望。这种非正规机制可以理解为文化的各种表现形式，它通过对个人决策价值观的影响促使个人行为与之相适应，从而达到文化影响行为决策的目的。布劳尔（Breuer）等人2009 年提出了"文化→态度→行为"的影响链模型。在此链中，文化被用作影响行为模式的输入变量，文化和行为是因果关系，并且相互影响，文化价值观从而影响个人的最终决策行为。近年来，许多学者也尝试从这种文化类非正式制度的视角出发，去考察文化因素在企业微观层面，特别是对决策行为的作用效果。

随着中国传统文化在管理实践中的广泛应用，管理学界与金融学界越来越重视中国传统文化的学术价值。中国传统文化学派众多、儒家文化作为中国传统文化的主体部分，在管理学实践中被广泛应用。淦末宇等人2020年提出在中国社会，儒家文化是影响较为深远的非正式制度，它是中国哲学思想中极具价值和重要的思想力量之一，同时，也是各组织遵从的道德规范和行动指南。但目前，关于文化观念对组织行为决策的研究大多集中于文化观念对上市公司管理层行为决策的影响，鲜有对文化观念，特别是中国儒家文化对机构投资者行为决策的影响的研究。

希拉里（Hilary）和卡伊（Kai）2009年以美国的州为单位研究不同地区宗教信仰对该地区公司决策的影响，发现宗教信仰和风险规避之间存在一定的关系。付（Fu）和津井（Tsui）2003年发现中国企业家的价值观中普遍渗透着儒家思想，并体现在他们的行为决策中。康（Kang）等人2017年发现儒家思想的"仁义礼智信"与员工的情感和规范动机正相关，进而影响员工的决策行为。潘（Pan）和孙（Sun）2018年通过研究儒家文化中的"中庸"思想对员工的自适应能力的影响，发现"中庸"思想能够间接或者直接地影响工作的复杂程度。此外，陈建勋等人2010年也发现，"中庸"思想有助于上市公司管理层提高决策质量，缓和企业内部矛盾。古志辉2015年研究了以先秦诸子学说为代表的儒家文化对代理成本的影响，他选择清代地方志为基本数据来源并将其作为儒家文化的代理变量，研究结果表明通过向代理人灌输"慎独"的"修身"观念有助于增强自律性，从而减少监督支出。儒家要求代理人遵守"忠信"的职业伦理和"义利"观，最终达到减少代理人支出和剩余损失的目的，因此，随着儒家影响力的增强，代理成本也会降低。"修身"和"忠信"的伦理观对上市公司管理层产生影响，从而提高他们的治理水平，以及影响管理层的行为决策。程博等人2016年研究了文化对公司内部控制的影响，探讨了儒家文化与内部控制之间的关系，发现儒家文化可以改善信息环境，提高内部控制质量，并影响管理层决策。金智等人2017年以2001年至2013年的中国上市公司为研究对象，探究儒家文化对公司风险承担的影响，发现儒家文化影响公司的程度越深，其承担的风险越小；并且，他们还发现儒家文化拓展了公司的非正式制度，丰富了"文化与金融"的相关理论。但是，杜兴强等人2017年发现儒家文化中的"论资排辈"的观念会抑制独立董事的谏言行为，导致不民主的现象发生。此外，陈仕华等人 2020 年通过选取 2003 年到 2014 年沪深 A 股上市公司的数据，研究儒家文化中的"均平"思想对高管—员工薪酬分配差距的影响。

上述研究说明先秦的儒家文化顺应了社会思潮的发展，为现代企业管理应用提供了思想上的指导。李菲等人 2017 年指出，阳明心学自近代以来，逐渐成为儒家思想的正脉和当代新儒家的哲学根基。陈来 2013 年也提出，阳明心学秉承的基本命题"知行合一"与"致吾心之良知于事事物物也"是践行精神向实践过渡的契机。阳明心学中的"知行合一"体现了个人认知与行为在组织或实践中得到了整合，完成了知识向实践的转向，并最终指向了治世的管理实践。王擎和周伟在 2013 年研究发现证券市场中，文化伦理对投资者的信息模糊容忍度产生了影响，从而对投资者行为决策产生影响，尤其对机构投资者的行为偏误产生影响。因此，结合"知行合一"在管理学中的实践以及文化伦理对管理层和投资者行为决策的影响，儒家文化中的"知行观"对投资者行为决策的影响，可以理解为，参与市场的投资者"知"与"行"的统一是其在儒家伦理影响下而达成的认知与行为的统一，即投资者将所获取的信息应用于对信息的实践并可能影响最终的实践结果。

纵观上述研究，显然鲜有研究关注到机构投资者所获取的调研信息对其投资决策的影响，同时关于儒家文化对投资者调研行为与投资行为影响的研究也较为少见。因此，该领域存在可深化进行的下述研究：①机构投资者调研文本的信息价值挖掘，以及对机构投资者投资行为的影响研究；②中国儒家文化对机构投资者行为决策的影响的研究。

针对上述尚待深入研究的领域，本书利用调研文本数据，挖掘机构投资者调研信息的文本价值，并且基于现有行为金融框架中的行为决策理论，研究机构投资者在理解和识别调研信息内容后，能否在实践中理性地调整资产配置，从而做到平衡提高收益和控制风险的关系。具体来说，本书就是通过分析调研信息质量及识别其价值，来研究机构投资者在调研及投资决策过程中，是否做到识别调研信息中的"知"和进行投资决策的"行"，即调研信息获取与投资决策的一致性；探究中国儒家文化对机构投资者决策行为的影响，优化机构投资者的投资决策行为，提高投资者的金融素养水平，反映中国儒家文化在行为金融中的实践意义。

3 机构投资者调研信息的质量分析及价值检验

在分析机构投资者是否根据所获取的调研信息进行投资决策之前，需要先明确机构投资者在调研过程中所获取的信息的质量及价值。高质量及有价值的调研信息是机构投资者进行有效投资的先决条件。

3.1 机构投资者调研信息的质量分析

3.1.1 机构调研信息质量具有独特的发展特征

上市公司向外披露的投资者关系活动表是机构投资者所获取的调研信息的总结性报告，上市公司披露的调研信息是公开了的机构投资者调研信息，上海证券交易所与深圳证券交易所于 2013 年要求在其上市的公司要在"互动易"和"e 互动"上披露机构投资者调研活动信息。因此本节利用上市公司所披露的调研信息作为机构投资者所获取的调研信息。基于王磊等人 2016 年在研究中指出的上市公司信息及时披露有助于更好履行社会责任，以及拉哈勒（Lakhal）2005 年采用披露数量来度量披露质量，本节采用披露的时效性和信息含量来衡量信息质量。时效性由披露的间隔时长（披露日-调研日）表示，信息含量由披露调研报告的篇幅（字数）表示，披露间隔时长越短，篇幅越长，则调研信息质量越好。

本节选取 2010—2017 年披露调研信息的 A 股上市公司①为样本，共3 457家，从上市公司所处地区、行业及实际控制人等方面，来分析调研信息质量的现状。样本中披露的调研报告篇幅与间隔时长为该年度的平均

---

① 数据来源：东方财富网，Choice 金融数据终端。

值。研究发现，我国调研信息质量呈现出独特的发展特征。

图 3-1 显示了调研信息报告披露字数与间隔时长的年度趋势。由图 3-1 可以看出，2010—2017 年调研报告的篇幅呈递增趋势，披露间隔时长逐渐缩短，特别是在 2014 年之后，调研报告篇幅明显多于 2010—2013 年，披露的间隔时长也明显短于 2010—2013 年的间隔时长。这说明 2013 年上交所和深交所提出的相关披露要求，对提高上市公司信息的自愿披露质量有着重要影响。

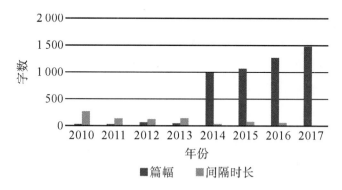

图 3-1　调研信息报告披露字数与间隔时长的年度趋势

为了更好地分析机构投资者调研信息质量的变化，此处根据所处地区、行业及实际控制人对样本中的上市公司进行分类，以此来比较其调研报告的篇幅和间隔时长。

表 3-1 为上市公司披露调研信息篇幅和间隔时长的地区排名。从表 3-1 中可以看出，2010—2013 年位于广东、浙江等五省（市）的上市公司，其调研信息披露的平均篇幅和平均间隔时长与位于甘肃、内蒙古等五省（区）的上市公司的差别不明显；但是，2014—2017 年处于广东、浙江等五省（市）的上市公司披露的调研信息的平均篇幅，则明显多于位于甘肃、内蒙古等五省（区）的上市公司信息披露的平均篇幅，并且信息披露的间隔时长也明显短于甘肃、内蒙古等五省（区）的上市公司。这说明在 2013 年上交所和深交所提出相关披露要求之后，位于经济较发达地区的上市公司相比位于其他地区的上市公司，更加遵守管理层发布的相关要求，其披露的调研信息内容更丰富、时间更及时。

表 3-1　上市公司披露调研信息篇幅和间隔时长的地区排名

排名情况	省份	2014—2017 年		2010—2013 年		2014—2017 年与 2010—2013 年变动	
		平均篇幅	平均间隔	平均篇幅	平均间隔	平均篇幅	平均间隔
排名前五省份	广东	1 281	44	43	151	1 238	-107
	浙江	1 142	41	41	147	1 101	-106
	江苏	1 185	48	39	149	1 146	-101
	北京	1 121	42	47	164	1 074	-122
	山东	1 024	48	30	144	994	-96
排名后五省份	甘肃	739	64	21	156	718	-92
	青海	688	53	52	147	636	-94
	内蒙古	644	12	58	172	586	-160
	黑龙江	618	80	51	120	567	-40
	新疆	565	70	26	153	539	-83

注：排名依据为 2014—2017 年披露调研信息的平均篇幅。

同样，按照样本中上市公司实际控制人的不同进行分类比较，笔者发现在 2010—2017 年，上市公司的实际控制人不同，其披露的调研信息数量存在着较大差别。从表 3-2 中可以看出，国有上市公司与非国有上市公司相比，在 2010—2013 年其所披露调研信息的平均篇幅和披露间隔时长虽有差异，但不明显，非国有上市公司的披露情况总体上要略好于国有上市公司；而 2014—2017 年调研信息的披露质量，国有上市公司和非国有上市公司出现较大差异，无论是披露的篇幅还是披露的间隔时长，国有上市公司都明显差于非国有上市公司，但是省属国有上市公司要略优于央属国有上市公司。这说明 2013 年上交所、深交所发布相关披露要求后，非国有上市公司更加自觉地遵守了要求，所披露调研信息的内容更详细、时间更及时，因而质量更高。

表 3-2　根据实际控制人分类的上市公司的调研信息披露的篇幅与间隔时长

实际控制人	2014—2017 年		2010—2013 年	
	平均篇幅	平均间隔	平均篇幅	平均间隔
国务院直属特设机构	642	63	34	158

表3-2(续)

实际控制人	2014—2017 年		2010—2013 年	
	平均篇幅	平均间隔	平均篇幅	平均间隔
地方政府国有资产管理机构	803	58	31	153
其他	972	56	49	135
个人	1 290	42	41	151

本书通过对上市公司所处行业①进行分类，筛选出调研报告披露篇幅与间隔时长排名前五和排名后五的上市公司，并将其进行比较。表3-3显示，2014—2017 年电信业务、信息技术等五个行业中的上市公司所披露调研报告的篇幅较长，间隔时长较短（排名前五）；而公用事业、能源、日常消费品等行业中的上市公司所披露的调研报告篇幅较短，间隔时长较长（排名后五）。这表明行业特点不同、竞争程度有差异，对调研信息披露质量会产生影响。

表 3-3　上市公司调研信息披露篇幅与间隔时长的行业排名

排名情况	行业	2014—2017 年	
		平均篇幅	平均间隔
排名前五行业	电信业务	1 522	35
	信息技术	1 486	39
	医疗保健	1 368	35
	工业	1 138	49
	非日常生活消费品	1 093	47
排名后五行业	公用事业	380	75
	能源	776	61
	日常消费品	857	44
	金融	963	60
	房地产	1 012	59

注：排名依据为披露调研信息的平均篇幅。

---

① 行业分类来自全球行业分类系统（GICS）1级分类，共12个行业（电信业务、房地产、非日常生活消费品、工业、公用事业、金融、能源、日常消费品、信息技术、医疗保健、原材料）。

综合上述分析可知，机构投资者所获取的调研信息的质量会因机构投资者所参与实地调研的上市公司所处的地域文化、地区发达程度、行业竞争状况及实际控制人的不同而有明显的差别。机构投资者参与实地调研的上市公司所处的地区越发达，行业竞争越激烈，以及实际控制人的股权结构越明晰，其获取的调研信息就越翔实，调研信息披露就越及时，信息质量就越好，投资者对公司的经营活动与发展潜力的了解就越充分和全面。

3.1.2 影响调研信息质量因素的分析

（1）理论分析与研究假设。

纽森（Newson）和迪根（Deegan）2002 年研究指出，在证券市场中，那些业绩较好、规模较大的上市公司更愿意进行信息披露，使得投资者可以更好地了解上市公司。这有利于较好地解决外部投资者与上市公司之间的信息不对称问题。而一些规模较小的上市公司，虽然它们具有完善的公司治理结构和较好的发展机会，但较少披露更多信息，因而规模较小的上市公司的信息不对称问题较为严重。但是，为帮助投资者更好地了解公司经营活动和发展潜力，更多地获得投资者的资金支持，规模较小的上市公司会努力提高调研信息披露质量。因此，规模较小的上市公司更愿意披露质量较好的调研信息来消除与投资者之间的信息不对称。机构投资者则能够从规模较小的上市公司中获取更好质量的调研信息。

因此，本书提出假设 3-1：

假设 3-1：上市公司规模与调研信息质量呈负相关。

刘国亮和常艳丽在 2008 年提出，盈利能力差的企业为了掩饰企业不好的效益会较少地披露信息，而那些盈余质量较好的企业，则自愿进行更多的信息披露以获得更好的融资机会。2008 年程林也指出，投资价值高的企业，潜在盈利能力强，对投资者具有较大的吸引力，企业愿意披露更多高质量信息以满足投资者的需要。因此，企业的投资价值能够较好地反映调研信息质量。

据此，本书提出假设 3-2：

假设 3-2：上市公司的投资价值与调研信息质量呈正相关。

位于不同地区的上市公司特别是经济发展程度较高地区的上市公司，受地域文化和企业文化的影响，其自愿披露信息的压力更大、动机更强。相对于中西部而言，我国东部经济发达地区的上市公司因区位优越、市场文化繁荣、企业开放、竞争意识充分，对国家的政策反应迅速，更愿意不断提高信息披露的时效性。

因此本书提出假设3-3：

假设3-3：上市公司所处区域的发展程度与调研信息质量呈正相关。

不同的行业处于不同的竞争环境，有不同的竞争方式，使处于不同行业的上市公司受竞争环境和竞争方式的影响，它们自愿披露信息的压力也有所不同。比如信息技术等高科技行业，因技术产品生命周期短，行业竞争压力较大，这些行业中的上市公司就需要更多投资来加快产品的更新换代。因此，公司愿意披露质量较好的信息，使投资者全面了解自己，以此吸引投资者并获取更多的融资机会。

据此，本书提出假设3-4：

假设3-4：上市公司所处行业的竞争程度与调研信息质量呈正相关。

上市公司的实际控制人不同可能会影响其自愿进行信息披露的质量。2016年，张成娟研究指出，因我国经济体制的特殊性，由政府部门控制的国有上市公司受股权结构、董事会构成等因素影响，在自愿信息披露方面存在披露对象比较单一、披露内容不够全面，以及披露质量监管不严等问题。程小可等人在2017年提出，非国有企业由于管理层股权激励机制更为完善，管理者更加关注公司的未来发展，因此，它们愿意披露更多、质量更高的信息。

据此，本书提出假设3-5：

假设3-5：国有上市公司的调研信息质量差于非国有上市公司。

（2）变量的衡量及模型设定。

为进一步探究在不同年度影响上市公司调研信息质量的主要因素，此处利用模型（3-1）以上市公司披露调研信息的篇幅（*Length*）、模型（3-2）以调研信息披露的间隔时长（*Interval*）为被解释变量，以上市公司规模（*Size*）、市净率（*Pb*）、上市公司所处行业（*Industry*）和区域（*Region*）为解释变量，以披露调研信息的年份（*Year*）为控制变量。剔除空值后得到62 819个观测值。为了验证假设3-5，将样本分为国有企业样本和非国有企业样本，这样分别得到13 344个和49 475个观测值。表3-4列示了影响上市公司调研信息质量的变量及其具体信息。

表3-4 影响上市公司调研信息质量的变量

变量符号	变量名称	变量定义
Length	调研信息的篇幅	调研信息文本的长度
Interval	披露调研信息的间隔时长	调研信息披露-调研日
Size	公司规模	上市公司规模从大到小排列,位于整个样本前10%,取值为1,否则为0
Pb	市净率	上市公司市净率
Industry	上市公司所处行业	当上市公司所处行业为电信业务、信息技术,取值为1,否则取值为0
Region	上市公司所处区域	当上市公司处于东部发达省份,取值为1,否则取值为0
Year	年份	调研报告披露的年份

本书设定影响调研信息披露质量的模型如下:

$$Length_{i,\,t} = \beta_0 + \beta_1 Size_{i,\,t} + \beta_2 Pb_{i,\,t} + \beta_3 Industry_{i,\,t} +$$
$$\beta_4 Region_{i,\,t} + \beta_5 Controls + \varepsilon \tag{3-1}$$
$$Interval_{i,\,t} = \alpha_0 + \alpha_1 Size_{i,\,t} + \alpha_2 Pb_{i,\,t} +$$
$$\alpha_3 Industry_{i,\,t} + \alpha_4 Region_{i,\,t} + \alpha_5 Controls + \varepsilon \tag{3-2}$$

其中 i 表示某上市公司, t 表示披露年份, α_0 , β_0 为常数项, α_1 , ⋯, α_5 , β_1 , ⋯, β_5 为回归系数, ε 为误差项。

(3)影响上市公司调研信息质量因素的实证结果。

表3-5研究的是变量的描述性统计。从表3-5可以看出,在调研信息披露篇幅(*Length*)上,最长的有32 557个字,最短则仅有11个字;而在调研信息披露的间隔时长(*Interval*)方面,最长的为535天,最短则为0天。这表明不同上市公司调研信息披露的间隔时长和篇幅呈现出较大差异,这与前述上市公司调研披露质量现状的研究结果一致。市净率(*Pb*)最小值为负数,表明有上市公司处于资不抵债状态;行业(*Industry*)的均值为0.27,中位数为0,说明样本中一半以下的上市公司分布于竞争性较强的信息技术等行业。而区域(*Region*)的均值为0.65,中位数为1,表明样本中一半以上的上市公司位于东部发达地区。表3-6为解释变量与被解释变量的相关关系矩阵。

表3-5　变量的描述性统计

变量	均值	标准差	最小值	25%	中位数	75%	最大值
Length	679.83	1 069.17	11.00	21.00	90.00	1 072.00	32 557.00
Interval	97.92	112.56	0.00	2.00	67.00	144.00	535.00
Size	0.10	0.30	0.00	0.00	0.00	0.00	1.00
Pb	4.49	6.10	−172.40	2.38	3.53	5.39	292.09
Industry	0.27	0.45	0	0	0	1	1
Region	0.65	0.48	0	0	1	1	1

表3-6　解释变量与被解释变量相关关系矩阵

变量	*Length*	*Interval*	*Size*	*Pb*	*Industry*	*Region*
Length	1.000					
Interval	−0.368 ***	1.000				
Size	−0.014 ***	0.024 ***	1.000			
Pb	−0.084 ***	0.022 ***	0.010 ***	1.000		
Industry	0.113 ***	−0.021 ***	−0.062 ***	0.102 ***	1.000	
Region	0.100 ***	−0.046 ***	−0.019 ***	0.020 ***	0.151 ***	1.000

注：*** 表示 $p<0.01$，** 表示 $p<0.05$，* 表示 $p<0.1$。

表3-7给出了影响上市公司调研信息披露质量的因素的回归结果。表中第（1）列至第（3）列和第（4）列至第（6）列，分别呈现了影响调研信息披露篇幅和间隔时长因素的回归结果。

由表3-7第（1）列至第（3）列的结果可知，*Size* 的系数均为负且在1%水平上显著，说明公司规模越小，调研报告披露的篇幅越长；从第（4）列至第（6）列的结果可知，在全样本和非国企样本中，*Size* 的系数均为正且在1%水平上显著，说明非国企的规模越小，其披露调研信息的间隔时长越短。以上结果表明公司规模越小，调研信息的披露质量越好，假设3-1得到验证。从第（1）列至第（3）列结果可看出，*Pb* 系数均在1%水平上显著为负，而第（4）列至第（6）列的结果显示 *Pb* 在所有样本的系数显著为正，表明上市公司市净率与调研信息披露篇幅呈负相关，与披露间隔时长呈正相关，说明上市公司的投资价值越高，调研信息披露质量越好，假设3-2得到验证。同样，在第（1）列至第（3）列中，

Industry、*Region* 的系数在 1% 水平上显著为正，那些处于发达地区和竞争性较强的上市公司，披露的调研信息篇幅较长；而第（5）列和第（6）列的结果显示，在国企样本中 *Industry*、*Region* 系数与非国企的 *Industry*、*Region* 系数显著相反，表明处于竞争性行业和发达地区的国企，调研信息披露的间隔时长要长于非国企。上述结果说明处于竞争性行业和经济发达区域的上市公司，调研信息披露质量更好，但是国企的披露质量要差于非国企。假设 3-3、假设 3-4 和假设 3-5 得到验证。

表 3-7　影响上市公司调研信息披露质量的因素的回归结果

变量	Length			Interval		
	（1）	（2）	（3）	（4）	（5）	（6）
	全样本	国企	非国企	全样本	国企	非国企
Size	−0.285 ***	−0.217 ***	−0.290 ***	0.014 ***	0.004	0.018 ***
	（0.014）	（0.015）	（0.019）	（0.002）	（0.003）	（0.002）
Pb	−7.020 ***	−7.826 ***	−5.162 ***	0.174 ***	1.492 ***	0.115 *
	（0.578）	（1.656）	（0.634）	（0.065）	（0.298）	（0.067）
Industry	166.082 ***	141.259 ***	145.227 ***	1.203	9.221 ***	−3.121 ***
	（7.995）	（13.727）	（9.256）	（0.889）	（2.468）	（0.974）
Region	96.612 ***	26.448 ***	119.228 ***	−1.274	5.604 ***	−2.785 ***
	（7.431）	（9.787）	（9.214）	（0.836）	（1.760）	（0.970）
Year	YES	YES	YES	YES	YES	YES
Constant	0.051 ***	−0.032 ***	−0.057 ***	0.053 ***	0.054 ***	0.052 ***
	（3 445.8）	（4 630.6）	（4 338.4）	（387.7）	（832.5）	（456.7）
N	62 819	13 344	49 475	62 913	13 344	49 475
Adj-R²	0.278	0.267	0.273	0.232	0.256	0.212

注：* 为 10% 水平上显著，** 为 5% 水平上显著，*** 为 1% 水平上显著。

3.1.3　小结

本节研究发现，近年来我国上市公司调研信息质量总体上呈现出不断提升的趋势，在 2014 年之后提升程度尤为显著。但是，机构投资者所参与调研的上市公司因分布地区、所处行业及实际控制人不同，其调研信息质量存在一定差异，在 2014 年之后，上市公司之间的调研信息质量的差异变得更为明显。

此外，上市公司调研信息质量受到被调研上市公司内外部多种因素的影响。本书通过回归分析发现，机构投资者参与调研的上市公司的规模、投资价值和实际控制人及所处区域和行业等因素，是影响其获得调研信息质量的主要因素。上市公司规模越小、投资价值越大，所获取的调研信息质量越高。同样，位于发达地区及处于竞争性行业的上市公司，机构投资者所获取的调研信息质量更高；而国有上市公司的调研信息质量差于非国有上市公司的质量。

3.2　机构投资者所获取调研信息的价值检验

已有的关于机构投资者所获取调研信息价值的研究，主要是通过对调研前后的市场反应及内部交易人调研前后的交易活动来判断的。由于调研信息作为增量信息，其价值难以直接被投资者感知，以及调研前后的市场反应不能充分体现调研信息价值，因此本书采用检验调研信息文本对股票收益率是否具有预测力的方法来分析调研信息的价值。只有明确了调研信息价值，才能进一步分析机构投资者是否会根据有价值的调研信息进行投资决策，做到保持调研信息获取与投资决策的一致性。

本节主要是通过挖掘机构调研信息文本中的特质信息内容，分析调研信息内容的驱动因素，对其进行样本内及样本外的预测，来检验机构投资者在调研过程中所获取的信息能否预测股票收益率；以及分析了调研文本中上市公司的特质信息对投资者组合收益的影响，以此证明调研信息的价值。调研信息价值的研究是后续研究机构投资者是否根据调研信息进行投资决策的先决条件，也为研究调研信息价值提供了新方法。

3.2.1　调研信息价值检验的动机及方法

机构投资者作为市场的参与者，对证券市场具有重要影响。机构投资者在对上市公司的实地调研过程中所获取的调研信息，对提高市场信息效率具有重要作用。2013 年，上交所、深交所要求在其上市的公司须在"e互动"和"互动易"网站上发布机构投资者调研信息。机构投资者通过对上市公司实地调研获取投资信息，而那些中小投资者在获取信息的渠道、预判能力、资金实力方面，相较于机构投资者处于劣势，因此较少参与调研。因此，中小投资者可以通过上市公司发布的调研活动信息来获取额外的投资信息，这使得机构投资者进行实地调研才能获得的调研信息能被广大投资者获取，抑制了机构投资者通过内幕消息获利这一问题的发展，缓解了上市公司与投资者间的信息不对称的矛盾。所获取调研信息的价值对机构投资者而言是其做到调研信息获取与投资决策保持一致性的先决条件。本节关于调研信息价值的检验主要通过其对股票收益率的预测和资产配置的经济效益来进行。

已有相关文献的研究利用预期市场风险、经济变量、技术指标来预测股票市场收益率，也有一些学者提到了投资者情绪、上市公司披露的信息内容能够预测市场收益率。从机构投资者开展调研到调研活动信息的披露具有时间间隔，因此在调研信息被公开披露之前，调研内容对调研者而言是私密的、私有的；但是，当调研内容披露给公众后，意味着该信息已成为公共信息。那么，此类信息对股票市场收益率是否具有预测作用呢？换言之，机构投资者在调研过程中所获取的调研信息是否有价值呢？

为了验证机构投资者在调研过程中所获取信息的价值，即对股票收益率的预测力，本节构建了机构投资者所获得的调研活动信息内容测度框架。该框架将其信息文本内容分为财务、公司治理、社会热点相关方面①并计算从 2014 年 1 月至 2018 年 12 月这些相关词出现在调研活动信息文本中的月度频率。为了探索具体调研信息文本的价值，本节也考虑了在调研活动信息内容中的管理运作类相关信息和调研活动信息的文本长度。

在构建调研活动信息内容测度框架后，本节首先讨论了影响机构投资者所获取调研信息内容的因素；其次，通过预测回归模型来检验机构投资者所获取的调研活动信息对未来一个月股票市场超额收益率的预测能力。参考 1996 年坎德尔（Kandel）和斯坦博（Stambaugh）及 2008 年坎贝尔（Campbell）和汤普森（Thompson）的研究，此处检验了财务、公司治理、社会热点、管理运营相关信息文本内容和调研信息文本长度在样本内及样本外的预测能力，并与以往用于研究收益率预测的经济变量做比较。同时，本节还探究了机构投资者所获取调研信息的资产配置结果，进一步验证调研信息的资产配置效应，表明机构投资者所获取的调研信息是有价值的。

---

① 此处之所以将调研文本内容分为财务、公司治理、社会热点相关方面，是因为这些信息能够分别反映公司的内在价值、公司代理人问题、投资者所关注的社会热点话题。

本节的创新点有两点。第一，从市场收益率预测角度出发，找到了检验机构投资者所获取调研信息价值的新方法，即检验调研信息对股票收益率的预测力；相较于利用投资者在调研活动前后进行交易而产生的市场效应来检验，其区别在于本节的研究立足于机构投资者所获取的调研信息对股票收益率的预测，以此来检验所获取调研信息的价值，而非通过调研活动所产生的经济结果来检验。第二，从文本内容出发，已有的关于文本分析的文献主要针对财务报告文本的有用性及信用评级报告的语调（Tone）来评估违约风险；与上述研究不同，本节通过建立词典、提取关键词、构建文本分析测度框架来探索调研活动信息内容，从而证明所提取的调研信息内容对市场收益率具有预测力。

3.2.2　调研信息的获取与测度

本节选取了2014年1月至2018年12月机构投资者参与A股上市公司调研所获取的调研信息文本，通过语义分析将调研内容进行分类，计算每个调研文本各类相关信息的词频。其中调研文本数据来自东财网Choice数据终端。具体的数据处理流程如下：

（1）原始文本获取与分析。

①原始文本获取：本节通过东方财富网Choice金融数据终端获取了2014年1月至2018年12月机构投资者参与A股上市公司调研所获取的调研信息文本43 750份。②对原始文本内容进行分词及词频统计：在Python语言中引入jieba程序包，依靠jieba自带分词词库和作者自定义分词词库对调研活动信息文本进行分词。分词结果为"词语（词组）+词性"。然后在Python中引入NLTK程序包，对所有调研活动信息文本中的词语（词组）进行词频统计并按照词频从高到低排序，共得到词语（词组）127 521个。在此基础上剔除字数小于2的词语（词组）、与金融市场无关的词语（词组），然后按照词性将标点符号（x）、连词（c）、时间词（t）、拟声词（o）、介词（p）、量词（q）、代词（r）、语气词（y）剔除。③人工提取调研信息文本中的关键词语（词组）：由3名研究方向为金融市场文本分析的研究者将以上经过筛选的金融市场词语（词组）进行手动提取，主要提取财务类、公司治理类、社会热点类、管理运营类等词语（词组），并将取该3名研究者所提取的各类型词语（词组）中的相同部分，形成调研活动信息文本的各类词语（词组）的关键词。其中财务类词

语（词组）316 个，公司治理类词语（词组）42 个，社会热点类词语（词组）162 个，管理运营类词语（词组）358 个[①]。最后应用 NLTK 程序包对所提取的关键词进行词频统计。

（2）信息内容的测度。

此处利用统计出的每篇调研活动信息文本中的财务类、公司治理类、社会热点类及管理运营类词语（词组）的出现频率，计算月度每篇调研信息文本中各类词语（词组）的平均词频，并将每一类词语（词组）出现在调研活动信息文本中的平均词频，用于测度机构投资者调研文本内容中各类信息的含量，具体测度模型为（3-3）。

$$CCP_t^k = \log\left(1 + \frac{\sum_{i=1}^{N} c_{i,t}^k}{N}\right),$$

$$k = Fina, \; CorpGov, \; Hsp, \; MangOper, \; Length \qquad (3-3)$$

其中，代入 k 所得的 CCP_t^{Fina}（$CCP_t^{CorpGov}$，CCP_t^{Hsp}，$CCP_t^{MangOper}$）为 1 加调研活动信息文本内的财务（公司治理、社会热点、管理运营）类相关词的平均词频的对数，$c_{i,t}^{Fina}$（$c_{i,t}^{CorpGov}$，$c_{i,t}^{Hsp}$，$c_{i,t}^{MangOper}$）表示第 t 月调研活动信息文本 i 中所有财务（公司治理、社会热点、管理运营）类相关词的总数；CCP_t^{Length} 表示第 t 月 1 加调研活动信息文本的平均长度的对数，$c_{i,t}^{Length}$ 表示第 t 月调研活动信息文本 i 内所有词数总和，N 为调研活动信息文本的篇数。

（3）经济变量。

本节参考了 8 个常用于股票市场收益率预测的经济变量，用于进行经济能力对比，包括股利价格比（D/P），即 A 股所有上市公司股利之和与市值之和之比；净资产收益率（ROE）；盈余价格比（E/P），即 A 股所有上市公司的盈余之和与市值之和之比；账面市值比（BM），即 A 股所有上市公司的账面价值之和比市值之和；1 个月期限的上海同业拆借利率（Shibor）；通货膨胀率（Inflation），即消费价格指数（CPI）的月度同比增长率；生产价格指数（PPI）月度同比增长率，以及采购经理指数（PMI）月度同比增长率。上海同业拆借利率数据来自锐思金融数据库（RESSET），其余经济变量数据均来自 CSMAR 数据库。

表 3-8 给出了所有变量的描述性统计。股票市场超额收益率的均值为 0.524%，标准差为 7.421%，最大值为 17.730%，最小值为-25.706%。至

---

① 管理运营类词语为财务及公司运作类词之和，不予以具体列出。

于 CCP_t^{Fina}，$CCP_t^{CorpGov}$，CCP_t^{Hsp}，$CCP_t^{MangOper}$ 的均值分别为 3.856，1.578，1.433，3.995。

表 3-8 所有变量的描述性统计

变量	样本开始时间	均值	标准差	最大值	最小值	夏普率
$Return/\%$	2014-01	0.524	7.421	17.730	-25.706	0.071
CCP_t^{Fina}	2014-01	3.856	0.251	4.380	3.270	
$CCP_t^{CorpGov}$	2014-01	1.578	0.153	1.867	1.210	
CCP_t^{Hsp}	2014-01	1.433	0.199	1.711	0.973	
$CCP_t^{MangOper}$	2014-01	3.995	0.245	4.496	3.412	
CCP_t^{Length}	2014-01	7.132	0.217	7.555	6.567	
$DP/\%$	2014-01	0.170	0.301	1.180	0.000	
ROE	2014-01	0.113	0.011	0.133	0.097	
EP	2014-01	0.071	0.017	0.106	0.043	
PMI	2014-01	50.685	0.791	52.400	49.000	
BM	2014-01	0.628	0.115	0.883	0.376	
$Shibor/\%$	2014-01	3.703	0.861	6.576	2.681	
CPI	2014-01	0.147	0.476	1.600	-1.140	
PPI	2014-01	0.030	0.567	1.600	-1.090	
TO	2014-01	30.041	15.813	76.483	12.901	
$VOLA$	2014-01	1.382	0.954	4.443	0.372	

注：夏普率（SR）是超额收益的均值除以标准差。

3.2.3 调研信息内容的驱动因素

根据鲍恩（Bowen）等人 2018 年的研究结论，调研信息内容反映了机构投资者对上市公司的关注重点。有学者指出，调研活动信息文本中与财务相关的内容是机构投资者关注上市公司内在价值的反映，调研活动信息文本中与公司治理相关的信息则是机构投资者所关心的代理人问题，以及那些有助于经济发展的话题，这些话题通过调研文本中的社会热点等相关内容呈现出来。机构投资者为寻求投资机会而进行调研，机构投资者在调研期间所关注的上述问题可能受到市场风险的影响。为了探究影响调研活动信息内容的驱动因素，本章采用了模型（3-4）。

$$CCP^k_{t+1} = \alpha_0 + \alpha_1 TO_t + \alpha_2 VOLA_t + \varepsilon_t,$$

$$k = Fina, CorpGov, Hsp, MangOper \qquad (3-4)$$

其中代入 k 后，CCP^{Fina}_t，$CCP^{CorpGov}_t$，CCP^{Hsp}_t，$CCP^{MangOper}_t$ 为 1 加调研活动信息文本内相关词的平均词频的对数，TO_t 为 A 股市场的换手率，$VOLA_t$ 为市场风险，本书采用的是综合上市基金的月收益率的标准差来衡量风险；ε_t 为残差项。

表 3-9 为影响调研活动信息内容的驱动因素。从表 3-9 中可以看出，换手率和市场风险的系数与调研内容呈显著负相关，这表明市场交易的活跃程度与市场风险能够影响调研活动信息内容的多少。交易越少，风险越小，投资机会越少，使得机构投资者更偏向通过调研获取更多有效的信息以判断市场前景和寻求投资机会。这说明机构投资者所关注的调研信息内容与股票市场息息相关，因而机构投资者所获取的调研活动信息内容能够作为预测股票收益率的变量。

表 3-9　影响调研活动信息内容的驱动因素

变量	(1)	(2)	(3)	(4)
	CCP^{Fina}	$CCP^{CorpGov}$	CCP^{Hsp}	$CCP^{MangOper}$
TO	−0.012 ***	−0.011 ***	−0.010 ***	−0.012 ***
	(−3.703)	(−3.201)	(−3.213)	(−3.710)
VOLA	−32.152 ***	−23.331 ***	−35.677 ***	−32.970 ***
	(−4.633)	(−5.541)	(−7.372)	(−4.944)
Constant	4.101 ***	1.682 ***	1.558 ***	4.220 ***
	(70.595)	(47.711)	(38.537)	(75.683)
N	60	60	60	60
$Adj-R^2$	0.442	0.441	0.561	0.462

注：*** , ** , * 分别代表在 1%，5%，10%水平上的统计显著性。

3.2.4　调研信息价值的模型及分析

（1）样本内。

参考姜（Jiang）等人 2019 年的研究，本节通过单变量预测回归模型（3-5）来检验机构投资者所获取的调研活动信息内容对股票收益率的预测力。

$$R_{t+1} = \alpha + \beta CCP_t^k + \varepsilon_{t+1}$$

$$k = Fina, CorpGov, Hsp, MangOper, Length \qquad (3-5)$$

其中，R_{t+1} 为 $t+1$ 月的股票市场的超额收益率，CCP_t^{Fina}，$CCP_t^{CorpGov}$，CCP_t^{Hsp}，$CCP_t^{MangOper}$ 为 1 加调研活动信息文本内的相关词的平均词频的对数，CCP_t^{Length} 表示第 t 月 1 加调研活动信息文本的平均长度的对数，ε_{t+1} 为残差项。而调研活动信息内容是否能够预测股票超额收益率，需通过模型（3-5）中的 β 得到 $\hat{\beta}$ 估计值的 t 统计量来检验。

受韦尔奇（Welch）和戈雅尔（Goyal）2008 年研究的启发，为了比较调研活动信息内容与经济变量的预测力，本节还利用模型（3-6）检测了经济变量的预测能力。

$$R_{t+1} = \alpha + \gamma E_{i,t} + \varepsilon_{t+1} \qquad (3-6)$$

其中，$E_{i,t}$ 代表了第 i 个独立的经济变量。

表 3-10 为样本内预测结果，即报告了模型（3-5）和模型（3-6）的参数估计结果，β 参数估计值，对应的 $NW-t$ 统计量及回归模型调整后的 R^2。从表 3-10 中可以看出，机构投资者所获取的调研信息文本中与财务、公司治理、运营管理及调研活动信息文本长度的 β 估计值都在 10% 水平上统计显著。这说明调研活动信息文本中的相关信息内容能够在样本内预测未来股票收益率，但 β 参数为负，这可能是因为上市公司的某些方面风险较小，因而发布信息不多，但对未来股票收益率也具有预测力。同时，与其他经济变量的样本内预测结果相比，其他经济变量的样本内预测结果大部分都不显著（除了 ROE 和 Shibor），这说明机构投资者所获取的调研信息内容在样本内更具预测力。

表 3-10　样本内预测结果

变量	（1）β	（2）NW-t	（3）p-value	（4）R²/%	（5）Adj-R²/%
CCP^{Fina}	−0.057*	−1.672	0.081	3.610	1.900
$CCP^{CorpGov}$	−0.107*	−1.688	0.097	4.831	3.106
CCP^{Hsp}	−0.110**	−2.331	0.023	8.665	7.131
$CCP^{MangOper}$	−0.060*	−1.695	0.095	4.132	6.423
CCP^{Length}	−0.075*	−1.671	0.100	4.722	3.000

表3-10(续)

变量	(1) β	(2) $NW\text{-}t$	(3) $p\text{-value}$	(4) $R^2/\%$	(5) $Adj\text{-}R^2/\%$
DP	−2.132	−0.654	0.516	0.744	−0.998
ROE	1.845**	2.111	0.039	7.253	5.626
EP	0.847	1.448	0.153	3.548	1.856
PMI	−0.012	−0.917	0.363	1.453	−0.276
BM	0.069	0.776	0.441	1.045	−0.691
Shibor	2.641**	2.418	0.019	9.305	7.714
CPI	0.006	0.279	0.781	0.136	−0.162
PPI	−0.013	−0.724	0.472	0.914	−0.830

注: ***, **, *分别代表在 1%, 5%, 10%水平上的统计显著性。样本期为 2014 年 1 月到 2018 年 12 月。

（2）样本外。

韦尔奇（Welch）和戈雅尔（Goyal）2008 年认为，相较于样本内预测，样本外预测对投资者而言更具意义。因此，通过此方法表明调研信息更具投资的参考价值。样本外预测的关键在于在 t 时刻获得的信息可以用于预测 $t+1$ 时刻的股票收益率。因此，在模型（3-5）的基础上，本节采用了样本外预测回归模型（3-7）。

$$\hat{R}_{t+1} = \hat{\alpha}_t + \hat{\beta}_t \, CCP_t^K,$$

$$k = Fina, \quad CorpGov, \quad Hsp, \quad MangOper, \quad Length \tag{3-7}$$

其中，$\hat{\alpha}_t$ 和 $\hat{\beta}_t$ 是根据式（3-5）把 $\{R_{m+1}\}_{m=1}^{t-1}$ 对常数项和 $\{Z_m\}_{m=1}^{t-1}$ 线性回归得到的 OLS 估计值。预测变量的最初估计期是不同的，预测周期也不同。

根据坎贝尔（Campbell）和汤普森（Thompson）2008 年的研究，本节使用了样本外 R^2 统计来检验样本外预测的准确性，模型为（3-8）和（3-9）。

$$R_{OS}^2 = 1 - \frac{\sum_{t=n}^{T-1} (R_{t+1} - \hat{R}_{t+1})^2}{\sum_{t=n}^{T-1} (R_{t+1} - \bar{R}_{t+1})^2} \tag{3-8}$$

$$\bar{R}_{t+1} = \frac{1}{t} \sum_{j=1}^{t} R_j \tag{3-9}$$

其中，T 为整个样本值，$\bar{R}_{t+1}$ 为历史平均收益率。R_{OS}^2 的显著性是通过克拉克（Clark）和韦斯特（West）2007 年提出的 MSFE-*adjusted*（MSFE-adj）统计量来检验的。R_{OS}^2 的范围是（$-\infty$，1]。当 $R_{OS}^2 > 0$ 时，$\hat{R}_{t+1}$ 样本预测误差小于 $\bar{R}_{t+1}$ 样本外预测误差，这表明机构投资者所获得的调研活动信息内容具有更好的样本外预测力。

表 3-11 报告了样本外预测的结果，根据模型（3-7）至模型（3-9）的检验方法，得到样本外的 R_{OS}^2，MSFE-*adj* 统计值和 p-value 统计量。从表中可以看出 CCP_t^{Fina}，$CCP_t^{CorpGov}$，CCP_t^{Hsp}，$CCP_t^{MangOper}$ 及 CCP_t^{Length} 的样本外的 R^2 分别为 18.916%，16.975%，16.993%，19.812%，15.955%，并且在 1%水平上显著。其中，调研活动信息文本长度的样本外 R^2 小于财务、公司治理、社会热点、管理运营类信息文本的 R^2，这说明机构投资者所获得的调研信息文本中具体内容的预测力比笼统的文本内容预测力更强。同时，和其他经济变量的样本外 R^2 相比，调研活动信息文本中的相关信息的 R^2 更高，说明调研内容具有更好的样本外预测力。

表 3-11　样本外预测结果

变量	（1）	（2）	（3）	（4）	（5）
	样本开始时间	预测开始时间	R_{OS}^2 /%	MSFE-*adj*	p-value
CCP^{Fina}	2014-01	2016-07	18.916***	2.971	0.003
$CCP^{CorpGov}$	2014-01	2016-07	16.975***	2.605	0.007
CCP^{Hsp}	2014-01	2016-07	16.993***	2.892	0.004
$CCP^{MangOper}$	2014-01	2016-07	19.812***	3.034	0.003
CCP^{Length}	2014-01	2016-07	15.955***	2.917	0.003
DP	2014-01	2016-07	−10.873	−1.579	0.063
ROE	2014-01	2016-07	8.807**	2.191	0.018
EP	2014-01	2016-07	−11.146	−0.281	0.390
PMI	2014-01	2016-07	0.809	0.471	0.321
BM	2014-01	2016-07	−23.536	−1.586	0.062
$Shibor$	2014-01	2016-07	−11.418	0.578	0.284
CPI	2014-01	2016-07	−2.836	−1.014	0.160
PPI	2014-01	2016-07	−4.269	−0.273	0.394

注：***，**，* 分别代表在 1%，5%，10%水平上的统计显著性。

（3）资产配置的影响。

本节在考察机构投资者调研所获取的信息文本内容的样本外的预测力之后，继续从资产配置的角度来检验调研信息文本内容可预测性的经济价值，以此进一步证明机构投资者所获取的调研信息是有价值的。根据坎德尔（Kandel）和斯坦博（Stambaugh）1996 年，坎贝尔（Campbell）和汤普森（Thompson）2008 年及黄（Huang）等人 2015 年的研究，本节采用了年化效用收益差值（CRE gain）来估计那些通过购买股票和无风险资产配置实现最优资产组合的投资者的收益。投资者在 t 期所持有股票的最优权重如模型（3-10）所示。

$$W_t = \frac{1}{\gamma} \frac{\hat{R}_{t+1}}{\hat{\sigma}_{t+1}^2} \tag{3-10}$$

其中，γ 为风险厌恶系数，$\hat{R}_{t+1}$ 为股票超额收益率的样本外预测值，$\hat{\sigma}_{t+1}^2$ 为股票收益率方差的预测值，投资者分配给无风险资产的权重为 $1-w_t$，那么，$t+1$ 时刻投资组合收益如模型（3-11）所示。

$$R_{t+1}^p = w_t R_{t+1} + R_{t+1}^f \tag{3-11}$$

其中，R_{t+1}^p 为投资组合收益，R_{t+1} 为股票市场的超额收益率，R_{t+1}^f 为无风险报酬收益率。

参考坎贝尔和汤普森 2008 年的研究，本节采用 30 个月的滚动窗口的股票收益率来估计市场超额收益率的方差，并限制 w_t 在 -0.5 和 1.5 之间，最多允许 50%的卖空杠杆[①]。模型为（3-12）。

$$CER_p = \hat{\mu}_p - 0.5\gamma \hat{\sigma}_p^2 \tag{3-12}$$

其中，$\hat{\mu}_p$ 和 $\hat{\sigma}_p^2$ 分别是投资组合收益的均值和方差，年化效用收益差值（CRE gain）为投资者利用基于模型（3-7）的投资组合效用与按照历史均值构建的投资组合效用之差，年化效用收益差值（CRE gain）可以被理解为投资者为获得超过历史平均预测而愿意支付年化管理费用。为了与实际的资产管理相结合，本节考虑了有交易成本费用影响的情况，因此分别计算了无交易成本和基于 50 点交易成本年化效用收益差值（CER gain）。除此之外，本节还计算所有预测变量的夏普比率（SR）。

表 3-12 为资产配置给出了所有预测变量的年化效用收益差值（CER

---

① 大部分研究将 w_t 限制在 0 到 1.5。本节参照 Rapach 等人 2010 年的研究，同时由于深交所和上交所在 2010 年 3 月开放了证券保证金交易系统，因此，本节将 w_t 限制在 -0.5 和 1.5 之间。

gain）和夏普率（SR）。从该表中可以看出 CCP_t^{Fina}，$CCP_t^{CorpGov}$，CCP_t^{Hsp}，$CCP_t^{MangOper}$ 和 CCP_t^{Length} 的年化效用收益差值（CER gain）从 13.152 到 14.177，夏普率（SR）从 0.212 到 0.307。而其他经济变量的年化收益差值（CER gain）都低于调研活动信息相关内容的年化收益差值，夏普率（SR）为负。而在考虑 50 点交易成本后，这些调研活动信息相关内容的年化收益差值仍然大于所有的经济变量。总而言之，机构投资者所获取的调研信息中的财务、公司治理、社会热点、管理运营的相关信息对投资者来说能够产生相当大的经济价值。

表 3-12　资产配置

变量	（1）样本开始时间	（2）预测开始时间	（3）CER gain /%	（4）CER gain50bp /%	（5）SR
CCP^{Fina}	2014-01	2016-07	13.697	12.459	0.271
$CCP^{CorpGov}$	2014-01	2016-07	13.152	11.278	0.212
CCP^{Hsp}	2014-01	2016-07	13.486	11.766	0.234
$CCP^{MangOper}$	2014-01	2016-07	14.177	12.922	0.307
CCP^{Length}	2014-01	2016-07	14.015	12.474	0.282
DP	2014-01	2016-07	-1.131	-2.030	-0.342
ROE	2014-01	2016-07	7.144	6.328	-0.166
EP	2014-01	2016-07	-9.581	-9.912	-0.363
PMI	2014-01	2016-07	2.128	1.224	-0.327
BM	2014-01	2016-07	-12.879	-13.224	-0.370
$Shibor$	2014-01	2016-07	5.045	3.383	-0.086
CPI	2014-01	2016-07	-1.680	-2.188	-0.319
PPI	2014-01	2016-07	1.254	0.551	-0.375

注：夏普率（SR）是投资组合收益的均值除以标准差。

（4）稳健性检验。

为了考察机构投资者所获取的调研信息内容的预测能力的稳健性，本部分将对上述检验结果进行稳健性检验，包括检验不同的预测窗口的预测力；资产配置中，不同的风险厌恶系数对预测投资收益的影响；以及将资产配置中的股票权重限制在 0 到 1.5 后预测能力的投资收益。

①不同的预测窗口。

不同的预测估计期会导致不同的样本外预测结果，因此本部分通过不同的预测窗口来检验机构投资者所获取的调研信息内容文本的样本外预测结果。样本最初始的估计期为 2014 年 1 月至 2017 年 12 月，那么，样本外的预测窗口期为 2018 年 1 月至 2018 年 12 月，估计窗口期较短是因为在 2014 年才能够获得更具规范化的机构投资者所获取的调研信息文本。

表 3-13 给出了 2018 年 1 月到 2018 年 12 月预测窗口的样本外结果。表 3-13 中所有变量的样本外 R^2 都在 1% 水平上显著，调研活动信息文本中的公司治理类及社会热点类相关信息的预测力比调研活动信息文本长度的预测力更强，说明文本具体的信息内容比笼统的信息内容更具预测力，与表 3-11 的结果是一致的。简言之，机构投资者所获取的调研信息文本中与财务、公司治理、社会热点、运营管理有关的信息，以及调研活动信息文本长度样本外的预测结果在不同预测窗口下仍然稳健。

表 3-13　2018 年 1 月到 2018 年 12 月预测窗口的样本外结果

变量	(1) 样本开始时间	(2) 预测开始时间	(3) R_{os}^2 /%	(4) MSFE-*adj*	(5) *p*-value
CCP^{Fina}	2014-01	2018-01	24.513***	3.161	0.004
$CCP^{CorpGov}$	2014-01	2018-01	28.894***	3.245	0.004
CCP^{Hsp}	2014-01	2018-01	35.330***	3.133	0.005
$CCP^{MangOper}$	2014-01	2018-01	25.758***	3.200	0.004
CCP^{Length}	2014-01	2018-01	26.338***	3.249	0.004

注：***，**，*分别代表在 1%，5%，10% 水平上的统计显著性。

②不同的风险厌恶系数。

参考张（Zhang）等人 2019 年关于中国股市日内收益率的预测中稳健性检验的做法，本节将考察当风险厌恶系数分别为 2 和 4 时，不同的风险厌恶系数对资产配置的影响。

表 3-14 为在不同的风险厌恶系数下资产配置的结果给出了当风险厌恶系数分别为 2 和 4 时，股票权重为 -0.5 到 1.5 时，资产配置的结果。从表 3-14 中可以看出调研活动信息文本中，相关内容的年化效用差值

（CER gain）大于其他经济变量的年化效用差值，在考虑50点交易成本后该结论仍然成立，这说明在不同的风险厌恶系数下，调研活动信息内容的预测力具有较强的经济意义。

表 3-14　在不同的风险厌恶系数下资产配置的结果

变量	$\gamma = 2$			$\gamma = 4$		
	（1）	（2）	（3）	（4）	（5）	（6）
	CER gain /%	CER gain 50bp/%	SR	CER gain /%	CER gain 50bp/%	SR
CCP^{Fina}	20.979	18.815	0.249	10.216	9.102	0.293
$CCP^{CorpGov}$	18.520	16.164	0.168	10.143	8.521	0.242
CCP^{Hsp}	19.641	17.587	0.250	10.406	8.857	0.242
$CCP^{MangOper}$	21.049	19.608	0.299	10.645	9.500	0.332
CCP^{Length}	20.739	19.179	0.301	10.792	9.595	0.329
DP	−1.697	−3.046	−0.342	−0.848	−1.523	−0.342
ROE	10.478	9.412	−0.181	5.389	4.766	0.129
EP	−6.264	−5.566	−0.371	−10.132	−10.478	−0.346
PMI	4.697	3.509	−0.326	1.596	0.918	−0.327
BM	−8.604	−8.385	−0.360	−14.103	−14.459	−0.367
$Shibor$	8.407	7.432	−0.100	4.564	3.157	0.260
CPI	−2.428	−3.182	−0.319	−1.260	−1.641	−0.319
PPI	1.881	0.827	−0.375	0.940	0.413	0.375

注：样本外的检验窗口为 2017 年 6 月至 2018 年 12 月。

③不同资产配置的股票权重限制。

本节参考相关研究，将资产配置中的股票权重限制在 0 到 1.5。表 3-15 为不同股票权重的资产配置结果，报告了股票权重在 0 到 1.5 资产配置的结果，这表明当资产配置中股票权重限制在 0 到 1.5 时，调研活动信息文本中相关内容的资产配置结果稳健。

表 3-15　不同股票权重的资产配置结果

变量	(1) 样本开始时间	(2) 预测开始时间	(3) CER gain /%	(4) CER gain 50bp /%	(5) SR
CCP^{Fina}	2014-01	2016-07	11.252	11.083	0.152
$CCP^{CorpGov}$	2014-01	2016-07	10.112	9.104	0.038
CCP^{Hsp}	2014-01	2016-07	10.679	10.220	0.223
$CCP^{MangOper}$	2014-01	2016-07	11.515	11.080	0.178
CCP^{Length}	2014-01	2016-07	11.170	10.661	0.164
DP	2014-01	2016-07	-1.522	-2.285	-0.359
ROE	2014-01	2016-07	6.490	6.107	-0.227
EP	2014-01	2016-07	-4.176	-4.377	-0.371
PMI	2014-01	2016-07	3.134	2.351	-0.326
BM	2014-01	2016-07	-5.376	-5.590	-0.360
$Shibor$	2014-01	2016-07	3.222	2.659	-0.187
CPI	2014-01	2016-07	-1.619	-2.121	-0.319
PPI	2014-01	2016-07	1.254	0.551	-0.375

3.2.5　小结

本节主要从市场预测的角度，检验了机构投资者在调研过程中所获取调研信息的价值。本节利用文本挖掘，通过分析机构调研信息文本中的关键词，构建了调研活动信息内容的测度框架，并研究了调研内容月度时序对中国股票收益率的预测能力及对资产配置的经济效益的影响。研究发现，市场交易的活跃程度与市场风险是影响调研信息内容的主要因素，机构投资者所获取的调研信息内容在样本内和样本外均能显著预测下月中国股票市场的超额收益率，并且相较于经济变量具有更好的经济效益。这表明机构投资者在调研中所获取的信息是具有价值的，为研究机构投资者能否做到保持调研信息获取和投资决策的一致性提供了前提条件。

4 机构调研信息获取与投资决策的一致性行为分析

第 3 章通过分析上市公司披露的调研信息质量，以及采用机构投资者所获取的调研信息预测股票收益率的方法，探讨了机构投资者所获取的调研信息质量的影响因素和调研信息的价值；机构投资者根据所获取的有价值的信息，制定并执行投资决策。本章将在第 3 章的基础上，进一步研究机构投资者调研对其持股变化是否产生影响，并探究机构投资者在调研后能否根据调研信息进行投资决策，即机构投资者在调研过程中获取相对悲观（乐观）的信息，是否减少（增加）被调研上市公司的持股比例，做到调研信息获取与投资决策"知"与"行"的统一。

4.1 问题的引入

据陈小林和孔东民 2012 年及金姆（Kim）1997 年的观点，信息是引起投资者进行股票交易的根本原因，不同投资者基于信息的不同对股票定价的预期具有差异，从而出现了股票交易。这些信息被分为公开信息和非公开信息，投资者通过主动搜寻这些信息而进行股票交易，搜寻非公开信息的方式主要是投资者实地调研。机构投资者作为市场的参与者，对证券市场具有重要影响，机构投资者调研对提高市场信息效率具有重要作用。陈小林和孔东民在 2012 年研究指出，券商、基金公司等机构投资者通过对上市公司进行调研获取更多有用信息，以此消除信息差异获得超额利润。同时，机构投资者调研有助于投资者更好地做出分散投资决策和进行资产配置处理。

但是据董永琦 2019 年的观点，不同类型的机构投资者在调研过程中，对所获取信息的分析能力和信息的挖掘能力是不同的；同时，机构投资者是由不同的执行者构成的，因此当其在实地调研过程中获取、判断调研信息及进行投资行为时，会受到所在机构的投资策略、理论水平、文化观念及个人利益追求等因素的影响。中国的机构投资者会因为受到传统文化的熏陶而影响其执行投资决策。例如，《尚书·商书·说命》中的"非知之艰，行之惟艰"，以及《左传·昭公十年》中的"非知之实难，将在行之"，都是关于认知与行为的观点；明代王阳明提出的"知行合一"强调"知之必实行之"……这些根植于中国儒家文化的"知行观"会在一定程度上影响机构投资者的调研与投资行为。此外，机构投资者也会基于声誉、报酬结构而进行理性或者非理性的投资。姚宇航等人2019年提出，若机构投资者不能理性地执行这些投资决策，那么就容易产生羊群行为；反之，如兰俊美2019年的观点，若机构投资者在获取调研信息后，根据调研信息内容做出规避风险、追求盈利的投资决策时，做到了调研信息获取和投资行为一致性，则在一定程度上实践了"知之必实行之"。

目前，已有文献着重研究了机构投资者调研对上市公司的价值效应、外部治理、市场效率及信息环境的影响，这些研究主要是基于信息不对称理论展开的。这些研究仅针对机构投资者的调研行为，忽略了对机构投资者在获取调研信息后的投资行为的研究，尤其机构投资者在调研过程中获取调研信息文本后，是否基于获取的调研信息内容进行投资决策且是否做到调研信息获取和投资决策保持一致性的研究更是少有。由于2003年至2016年，基金公司的持股占比相较于其他机构投资者更高（见图4-1），因此，基金公司是股票市场最重要的机构投资者。分析其参与调研、获取调研信息及执行投资决策，对整个机构投资者调研信息获取及投资行为的研究具有代表意义。同时，对机构投资者的研究往往是以基金公司为对象进行的。

基于此，本章将基金公司作为机构投资者的代表，以2010年至2016年基金公司所获取的调研信息文本数据为样本，构建调研信息内容测度框架，通过词频统计，在有效识别调研信息语调的基础上，探究基金公司调研能否影响其持股行为，并进一步研究了基金公司是否基于所获取的调研信息内容进行投资决策。本章的研究表明，机构投资者参与调研影响其投资决策，机构投资者在调研过程中获取相对悲观（乐观）的信息时，则会减少（增加）被调研的上市公司的持股比例，说明机构投资者在获取调研信息后能够根据调研信息进行投资决策，保持调研信息获取和投资决策的一致性。本章的贡献在于：第一，本章从一个新的视角研究机构投资者调研及投资行为，现有关于机构投资者调研及投资行为的文献大多研究的是机构调研对市场效率的影响，或者是对机构投资者非理性行为的研究，而本章以机构投资者获取的调研信息文本的视角，研究机构投资者在调研后是否能够根据所获取的调研信息进行投资决策，保持调研信息获取与投资决策的一致性；第二，本章基于现有行为金融框架，将所获取的调研信息内容进行量化，研究机构投资者获取调研信息并执行投资决策的一致性行为，本章采用的研究方法为今后类似的研究提供了借鉴。

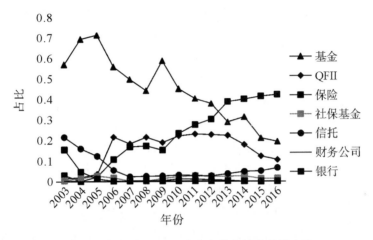

图 4-1　2003 年至 2016 年各机构投资者持股占比

4.2　理论分析与研究假设

正如 2018 年李昊洋提出的，投资者信息获取行为对资本市场的信息效率有着重要的影响。2006 年，罗伯茨也指出，投资者与管理层的直接沟通有利于解决信息不对称问题，为投资者决策提供有用的信息。机构调研是投资者与上市公司管理层直接沟通的重要方式之一，机构投资者参与调研减少了信息不对称问题的发生，并且提高了上市公司的信息披露质量及改善了公司治理状况，为机构投资者判断公司业绩、治理水平提供了重要依据。此外，已有文献表明，机构投资者在调研过程中所获取的信息是有助于进行投资决策的增量信息，机构投资者可以通过对上市公司的调研获得信息优势并做出更好的投资决策。因此，机构投资者在参与调研后，获取了有用的信息，影响其对上市公司业绩等各方面的判断，使得机构投资者的持股行为发生变化。由此，本书提出假设4-1：

假设4-1：机构投资者调研影响其持有的被调研上市公司的股份比例的变动。

一方面，机构投资者在调研过程中基于所获取的调研信息在描述同一问题时采用的表达方式不同，对投资者做出投资决策的影响也不同。1981年特沃斯基（Tversky）和科内曼（Kehneman），以及2016年林卉等人提出，信息以正向框架表述时，会激发机构投资者积极的、正向的情感；而信息以负向框架表述时，则会使其产生消极的、负向的情感。机构投资者对收益有较高期望时，他们会基于所获取的信息去考量投资组合的绩效并影响投资决策。另一方面，机构投资者通过交易向市场传递出其获取了有用的调研信息；鲍恩（Bowen）等人2018年认为机构投资者所获取的调研报告的表达语调与股票市场的反应相关，调研信息的表达语调反映了上市公司未来的盈余业绩。杨海燕和李昊洋分别在2013年和2018年提出，机构投资者在甄别和解读所获取的调研信息的内容后，其持股的正向变化向市场传递了上市公司业绩较好的信号。

基于以上分析，机构投资者在调研过程中获取悲观（乐观）信息时，则会引导机构投资者产生悲观、消极（乐观、积极）的情感，从而使得投资者为了尽量避免损失，减少（增加）对被调研上市公司的持股比例；同时，机构投资者根据所获取的调研信息的表达语调，对所访问的上市公司的业绩进行判断并实施投资行为，增加或者减少对该上市公司的持股。由此，本书提出假设4-2：

假设4-2：机构投资者能根据所获取调研信息的表达语调进行投资决策，达到调研信息获取与投资决策的一致性。

假设4-2在两种情况下又可分为假设4-2a和假设4-2b。

假设4-2a：机构投资者在调研过程中获取悲观消息，则减少持股比例；

假设4-2b：机构投资者在调研过程中获取乐观消息，则增加持股比例。

4.3 研究设计

4.3.1 数据来源及变量衡量

为实证检验本章论述的观点，本章选取了 2010 年至 2016 年在我国注册的基金公司旗下的所有基金作为研究的全样本。本章将全样本分为了"调研组"和"控制组"样本，"调研组"样本为 2010 年至 2016 年参与调研的基金公司旗下的基金，"控制组"样本为 2010 年至 2016 年的所有基金。其中调研信息内容来自东方财富网 Choice 数据终端，被调研上市公司相关数据及基金相关数据来自 CSMAR 数据库。

为了保证结果的稳健性，本章对样本进行如下筛选：①剔除了基金及其持股对象主要数据缺失的样本；②剔除了持股对象为金融类和 ST 类上市公司的样本；③由于部分调研文本报告过于简化，例如，只是简单叙述为"公司业绩""公司生产经营情况和业务发展战略情况"或"一季度产销情况、终端价格变化情况以及库存情况"等，因此本章剔除文本总词数少于 100 的样本；④本章对所有连续变量在 1% 和 99% 水平进行缩尾。最终，本章"调研组"共有 2 495 个样本，"控制组"共有 56 846 个样本。"调研组"和"控制组"样本总计 59 341 个。

（1）悲观、乐观信息内容的测度。

本章利用 Python 中 jieba 自带分词词库和作者自定义分词词库对调研文本内容进行分类，提取每篇调研报告中的悲观（乐观）情绪词[①]，统计并计算出季度每篇调研报告中悲观（乐观）情绪词的词频，将悲观（乐观）情绪词出现频率作为调研报告悲观（乐观）信息的含量。具体见模型（4-1）。

$$Freq_{i,j,t}^{M} = \sum_{w=1}^{n} C_{i,j,t}^{M},$$
$$M = Neg, Posi \qquad (4-1)$$

其中，$Freq_{i,j,t}^{Neg}$（$Freq_{i,j,t}^{Posi}$）为第 t 季度悲观（乐观）情绪词出现在基金 i

---

[①] 本章将表示增长的词，如增加、增长、上升、提高等定义为乐观情绪词；将表示减少的词语，如降低、下降、减少、下滑等定义为悲观情绪词。

所属基金公司获取的上市公司 j 发布的调研信息中的词频①，$C_{i,j,t}^{Neg}$（$C_{i,j,t}^{Posi}$）表示第 t 季度基金 i 所属基金公司获取的上市公司 j 发布的调研信息中的每个悲观（乐观）情绪词出现的次数。

（2）调研信息中"悲观消息"的定义。

本章比较了调研信息内容中乐观情绪词的词频与悲观情绪词的词频，当悲观情绪词的词频大于乐观情绪词的词频时，则认为调研信息为"悲观信息"，即当 $Freq_{i,j,t}^{Neg} > Freq_{i,j,t}^{Posi}$ 时，定义 $Neg\text{-}news$ 为 1，否则为 0。

（3）机构投资者（基金）持股比例变动的测度。

首先，利用天天基金网上的基金代码，匹配基金公司旗下的基金代码；其次，用基金代码匹配该基金公司所持有股份的上市公司；最后，把获取调研文本的基金公司与上市公司进行匹配。本章根据所匹配的结果，按季度进行划分，用 $t+1$ 季度的持股比例减去 t 季度的持股比例来定义持股变动。

（4）控制变量。

结合已有研究，考虑到被调研上市公司的特征，以及参与调研基金公司所管理基金的特征可能会对基金公司持股变化产生影响，因此本章选取了被调研上市公司规模（$Size$）、总资产收益率（ROA）、资产负债率（Lev）、上市公司成长机会（$TobinQ$）、账面市值比（BM）参与调研的基金公司所管理基金的规模（$Fund\ Size$）、参与调研基金公司所管基金的年龄（$Fund\ Age$）、羊群行为（$Herding$）、市场环境（$Market$）为控制变量。

具体变量定义如表 4-1 所示。

表 4-1　变量定义

变量符号	变量名称	变量度量标准
$\Delta ShareProportion$	持股比例变动	参与调研的基金公司所管理的基金未来一季度持股比例减去当季度持股比例
$\vert \Delta ShareProportion \vert$	持股比例变动绝对值	参与调研的基金公司所管理的基金未来一季度持股比例减去当季度持股比例的绝对值
SV_if	是否参与调研	基金公司参与调研为 1，否则为 0
$Neg\text{-}news$	悲观消息	调研内容悲观情绪词数量多于乐观情绪词数量时为 1，否则为 0

---

① 当基金公司在 t 季度参与多次调研时，本章选取的在当季度首次调研的数据。

表4-1(续)

变量符号	变量名称	变量度量标准
Tone	调研文本语调	调研信息中，乐观情绪词与悲观情绪词比值的对数
ROA	总资产报酬率	被调研上市公司当季度总资产报酬率，即 $\dfrac{当期利润}{总资产}$
Lev	资产负债率	被调研上市公司当季度资产负债率，即 $\dfrac{当期期末总负债}{总资产}$
Tobin	托宾Q	被调研上市公司当季度托宾Q值，即 $\dfrac{当期期末总市值}{总资产}$
Size	公司规模	被调研上市公司当季度规模，为公司总资产的自然对数
BM	账面市值比	被调研上市公司当季度账面市值比
Fund Size	基金规模	参与调研基金公司所管理的基金当季度净资产对数
Fund Age	基金年龄	参与调研基金公司所管理的基金当季度年龄
Herding	羊群行为	根据机构投资者持有年度的重仓股数据计算得到
Market	市场环境	参考既定研究，比较上证综指收益率与一年期银行存款收益率，大于则为牛市，设置为1，否则为熊市，设置为0①

4.3.2　研究模型的构建

为检验假设4-1，本章采用模型（4-2）。

$$|\Delta Shareproportion_{i,j,t+1}| = \beta_0 + \beta_1 SV - if_{i,j,t} + \beta_2 ROA_{j,t} + \beta_3 Lev_{j,t} +$$
$$\beta_4 Tobin_{j,t} + \beta_5 Size_{j,t} + \beta_6 BM_{j,t} +$$
$$\beta_7 Fund\,Size_{i,t} + \beta_8 Fund\,Age_{i,t} +$$
$$\beta_9 Herding_{i,t} + \beta_{10} Market_{i,t} + \varepsilon \quad (4\text{-}2)$$

---

① 羊群效应（Herding）和市场环境牛熊市的划分（Market）的计算方法分别参考了许年行等人2013年和江婕等人2020年的算法。

其中，|$\Delta Sharesproportion_{i,j,t+1}$| 为参与调研的基金公司所管理的基金 i 对被调研上市公司股票 j 在 $t+1$ 期时持股比例的绝对变化值，$SV\text{-}if_{i,j,t}$ 为参与调研的基金公司所管理的基金 i 对被调研上市公司股票 j 在 t 期调研的虚拟变量，若基金公司参与调研为 1，否则为 0。上市公司特征，包括当季资产报酬率（ROA）、资产负债率（Lev）、托宾 Q（$Tobin$）、规模（$Size$）及账面市值比（BM），以及参与调研的基金公司所管理的基金的特征如基金规模（$Fund\ Size$）、基金年龄（$Fund\ Age$），羊群行为（$Herding$），市场环境（$Market$）。

为验证假设 4-2，本章采用模型（4-3）和模型（4-4）。

$$\Delta Shareproportion_{i,j,t+1} = \beta_0 + \beta_1 Neg-news_{i,j,t} + \beta_2 ROA_{j,t} + \beta_3 Lev_{j,t} +$$
$$\beta_4 Tobin_{j,t} + \beta_5 Size_{j,t} + \beta_6 BM_{j,t} +$$
$$\beta_7 Fund\ Size_{i,t} + \beta_8 Fund\ Age_{i,t} +$$
$$\beta_9 Herding_{i,t} + \beta_{10} Market_{i,t} + \varepsilon \qquad (4\text{-}3)$$

$$\Delta Shareproportion_{i,j,t+1} = \beta_0 + \beta_1 Tone_{i,j,t} + \beta_2 ROA_{j,t} + \beta_3 Lev_{j,t} +$$
$$\beta_4 Tobin_{j,t} + \beta_5 Size_{j,t} + \beta_6 BM_{j,t} +$$
$$\beta_7 Fund\ Size_{i,t} + \beta_8 Fund\ Age_{i,t} +$$
$$\beta_9 Herding_{i,t} + \beta_{10} Market_{i,t} + \varepsilon \qquad (4\text{-}4)$$

其中，$\Delta Sharesproportion_{i,j,t+1}$ 为参与调研的基金公司所管理的基金 i 对被调研上市公司股票 j 在 $t+1$ 期时持股比例的变化，$Neg\text{-}news_{i,j,t}$ 为基金 i 所属基金公司所获取调研信息的虚拟变量，获取悲观消息为 1，否则为 0。此外，本章还检验了调研语调（$Tone$）对持股变化的影响，参考 2008 年李（Li）的观点，$Tone$ 为调研文本乐观词频与悲观词频比值的对数。其余控制变量与模型（4-2）的控制变量一致。

为了保证研究结果的可行性，同时也避免内生性、自选择及选择性偏误问题，基于罗森鲍姆（Rosenbaum）和鲁宾（Rubin）1983 年的观点，本章进一步强化检验，采用了倾向得分匹配法（PSM）。其基本思想是：比较机构投资者在参与调研和没有参与调研两种状态下的持股状态是否有显著差异；以及比较参与调研的机构投资者在调研过程中所获取的悲观（乐观）信息多于乐观（悲观）信息时其持股变动是否有明显差异。

为验证假设 4-1，本章根据是否进行调研将样本分为两类：一类是调研组（treatment group），即所属基金公司当季参与上市公司调研的基金样本；一类是控制组（control group），即所属基金公司当季没有参与上市公司调研的基金样本。为验证假设 4-2，根据调研信息内容，样本分为：悲观消息组（treatment group），即所属基金公司获取调研信息中悲观词频大于乐观词频的基金样本；控制组（control group），即所属基金公司获取调研信息中悲观词频小于乐观词频的基金样本，通过倾向得分匹配分析来获取倾向分值，分析调研对基金持股变动的影响效应，以及在调研过程中获取悲观（乐观）信息对股票减持（增持）的影响效应。本章通过模型（4-5）获得某基金公司进行调研或者是在调研过程中获取悲观（乐观）信息的条件概率。

$$P(X) = Pr(D = 1 \mid X) = E(T \mid X) \tag{4-5}$$

其中，D 是一个函数指标，若基金公司进行了调研或者在调研过程中获取了悲观（乐观）信息，则 D=1，否则 D=0。

对于参与调研的基金公司旗下的基金 i，假设其倾向得分 $P(X_i)$ 已知，基金公司参与调研或者在调研过程中获取悲观（乐观）信息对持股的影响效应如模型（4-6）所示。

$$
\begin{aligned}
ATT &= E[Y_{1i} - Y_{0i} \mid D_i = 1] \\
&= E\{[Y_{1i} - Y_{0i} \mid D_i = 1,\ p(X_i)]\} \\
&= E\{E[Y_{1,i} \mid D_i = 1,\ p(X_i)] - E[Y_{0i} \mid D_i = 0,\ p(X_i)] \mid D_i = 0\}
\end{aligned}
$$

$$\tag{4-6}$$

其中，Y_{1i} 和 Y_{0i} 分别表示参与调研和没有参与调研的基金公司旗下基金在被调研上市公司中的持股比例，或者基金公司获取相对悲观信息与没有获取相对悲观信息后的持股比例；依据 Logit 模型估计倾向得分，从而得到参与调研的基金公司旗下基金或者参与调研的基金公司获取悲观信息后旗下基金的概率值，即 PS。

本章采用了最邻近匹配法。具体地，以上文估计出的 PS 值为基础，前向或后向寻找与调研组或者悲观消息组样本的 PS 值最为接近的控制组样本，并将其作为前者的匹配对象。设 T 和 C 分别为调研组（悲观消息组）和控制组样本构成的集合，Yi^T 和 Yj^C 为二者的真实持股比例；同时，设 $C(i)$ 表示与调研组（悲观消息组）中第 i 个观察值对应的匹配样本（来自控制组）构成的集合，相应的倾向得分值为 p_i。最邻近匹配法的匹配原则如模型（4-7）所示。

$$C(i) =_j^{\min} \| p_i - p_j \| \tag{4-7}$$

在完成匹配后，进一步计算平均处理效果（ATT）。对于调研组（悲观消息组）中的第 i 个观察值，即 $i \in T$，假设它有 N_c^i 个匹配对象，若 $j \in$

C（i），则设定权重为 $wij = \dfrac{1}{N_c^i}$，否则设定权重 $wij = 0$。设调研组（悲观消息组）中共有 N^T 个观测对象，参考贝克尔（Becker）和乃葵（Ichino）在 2002 年的方法，平均处理效果的估计模型如（4-8）所示。

$$\tau^M = \frac{1}{N^T} \sum_{i \in t} Y_i^T - \frac{1}{N^T} \sum_{j \in C} W_j W_j^C \qquad (4-8)$$

其中，M 表示匹配方法，权重 W_j 定义为 $W_j = \sum_i W_{ij}$。为了克服潜在的小样本偏误对结论的影响，本章对样本进行 500 次自抽样，计算得到了 Bootstrap 标准误。

4.4 实证结果

4.4.1 描述性统计

表4-2 为主要变量的描述性统计。$\Delta Shareproportion$ 的均值为 0.041，表明基金公司旗下的基金增持股份的平均变化为 0.041%；$SV\text{-}if$ 的均值为 0.090，中位数为 0，说明当季度 9% 的基金公司参与了调研；在参与调研的样本中，$Neg\text{-}news$ 的均值和中位数分别为 0.222 和 0，表明 22.2% 的参与调研的基金公司在调研过程中获取了悲观信息，相比之下，获取乐观信息的基金公司更多。

表 4-2　主要变量的描述性统计

变量	平均数	中位数	标准差	最小值	最大值	样本量
$\Delta Shareproportion/\%$	0.041	0.020	1.408	−5.460	5.460	59 341
$SV\text{-}if$	0.090	0	0.286	0	1	59 341
$Neg\text{-}news$	0.222	0	0.416	0	1	2 495
$Tone$	1.543	1.705	1.154	0.099	4.143	2 495
ROA	0.056	0.042	0.054	−0.174	0.290	59 341
Lev	0.409	0.405	0.190	0.021	0.835	59 341
$Tobin$	3.605	2.986	2.622	0.125	15.104	59 341
$Size$	22.640	22.408	1.281	19.145	27.062	59 341
BM	5.464	4.847	2.727	1.325	21.637	59 341

表4-2(续)

变量	平均数	中位数	标准差	最小值	最大值	样本量
Fund Size	22.627	22.847	1.578	17.910	25.582	59 341
Fund Age	3.977	3	3.200	0	12	59 341
Herding	0.142	0.137	0.048	0.050	0.312	59 341
Market	0.417	0	0.493	0	1.000	59 341

4.4.2 机构投资者是否参与调研与持股变动的回归结果

表4-3为基金公司是否参与调研与持股变动的回归结果，列示了基金公司参与调研对其所调研上市公司持股比例的绝对变化的影响效应。从表4-4中可以看出，基金公司参与调研与其旗下基金持股比例变化的绝对值显著正相关，说明基金公司参与调研能够显著引起其旗下基金持股比例的变动，这可能是因为参与调研的基金公司在资本市场中表现更积极，更愿意在资本市场中进行交易。其余控制变量，比如被调研上市公司的总资产收益率、资产负债率、公司规模、TobinQ也能影响基金持股比例的变动。因此本章假设4-1得到验证。

表4-3 基金公司是否参与调研与持股变动的回归结果

变量	| $\Delta ShareProportion$ |	
	系数	*T* 值
SV-if	0.105 ***	7 417
ROA	0.332 ***	4.014
Lev	0.329 ***	7.667
TobinQ	0.028 ***	7.699
Size	−0.004	−0.872
BM	−0.001	−0.395
Fund Size	−0.038 ***	13.086
Fund Age	0.006 ***	3.999
Herding	0.670 ***	7.816
Market	0.141 ***	16.820
Constant	0.855 ***	7.080

表4-3(续)

变量		∆ShareProportion	
		系数	T 值
基金类型		YES	
N		59 341	
$Adj\text{-}R^2$		0. 112	

注:*,**,***分别代表在10%、5%和1%的水平上显著,下同。

4.4.3 机构投资者调研获取悲观(乐观)信息对持股状态的影响

表 4-4 为参与调研的基金公司获取信息对持股状态的影响的回归结果,反映的是参与调研的基金公司在调研过程中获取悲观或者乐观信息对持股变动的影响效应。从表中第 1 列和第 2 列的结果可以看出,基金公司在调研过程中获取悲观信息与其旗下基金持股变化显著负相关,基金公司在调研过程中获取乐观信息与其旗下基金持股比例变化显著正相关。这说明,基金公司在调研过程中获取悲观信息后,其能执行减少旗下基金持股比例的投资决策,获取乐观信息后能执行增加持股比例的投资决策。假设4-2,假设 4-2a,假设 4-2b 得到验证。

表 4-4 参与调研的基金公司获取信息对持股状态的影响的回归结果

变量	∆ShareProportion	
	(1)	(2)
Neg-news	−0. 214*** (−2. 700)	
Tone		0. 091*** (3. 060)
ROA	2. 767*** (4. 284)	2. 832*** (4. 379)
Lev	0. 156 (0. 506)	0. 150 (0. 489)
Tobin	−0. 036 (−1. 388)	−0. 041 (−1. 550)
Size	−0. 153*** (−3. 590)	−0. 137*** (−3. 636)
BM	−0. 015 (−0. 679)	−0. 013 (−0. 569)

表4-4(续)

变量	$\Delta ShareProportion$	
	(1)	(2)
Fund Size	0.058** (2.525)	0.058** (2.535)
Fund Age	−0.018 (−1.623)	−0.018 (−1.599)
Herding	0.722 (1.137)	0.788 (1.237)
Market	0.027 (0.769)	0.005 (0.077)
Constant	1.709* (1.769)	1.565 (1.624)
基金类型	YES	YES
N	2 495	2 495
Adj–R^2	0.011	0.012

4.4.4 倾向得分匹配估计（PSM）

在检验机构投资者是否参与调研，以及在调研过程中获取悲观（乐观）信息对机构持股变动的影响效应时，简单的 OLS 方法可能会产生估计性偏误。为准确验证机构投资者是否参与调研，以及参与调研的机构投资者在调研过程中获取悲观（乐观）信息对机构持股变动的影响效应，本章分别将参与调研的基金公司旗下的基金样本作为基准组，对参与调研的基金公司旗下的基金样本进行倾向得分匹配；同时也将参与调研的基金公司在调研过程中未获得相对悲观信息的作为基准组，对获取相对悲观信息的机构投资者进行倾向得分匹配。

表 4-5 为基金公司参与调研与获取悲观信息对持股状态的影响效应（ATT），将参与调研和没有参与调研的基金公司进行匹配，得到控制内生性后的持股变动效应。从表中可以看出无论在匹配前还是在匹配后，其调研后的持股比例均在 1% 水平上显著异于零，表明基金公司参与调研能影响其持股变动；同时，将获取相对悲观信息的基金公司与未获取相对悲观信息的基金公司进行匹配，这些悲观信息对其减少持股比例产生影响，这与 OLS 结果基本一致。

表 4-5　基金公司参与调研与获取悲观信息对持股状态的影响效应（ATT）

变量	样本	调研组	控制组	ATT	标准误	T 值
∣ΔShareProportion∣	匹配前	1.103	0.937	0.166	0.016	11.164***
	匹配后	1.103	0.949	0.154	0.022	7.474***
变量	样本	悲观消息组	控制组	ATT	标准误	T 值
ΔShareProportion	匹配前	0.240	0.084	−0.156	0.066	−2.1498**
	匹配后	0.240	0.002	−0.220	0.093	−2.491***

注：匹配前为未采取倾向得分匹配的样本，匹配后为实施了倾向匹配后的样本；标准误是采用自抽样法反复抽取 500 次得到的。

4.4.5　稳健性检验

（1）不同的匹配方法。

在对基金公司是否参与调研，以及参与调研获取悲观信息对持股比例的影响效应进行分析时，本章采用的是倾向得分匹配中的最邻近匹配法。由于不同匹配方法有不同标准且各有优缺点，本章又进一步采用了半径匹配法和核匹配法进行稳健性检验。半径匹配的基本思想是，预先设定一个常数 r，在对照组中的 PS 值与调研（悲观消息）样本 i 的 PS 值之间的、差异小于 r 的样本都将被选定为匹配对象。其筛选原则如模型（4-9）所示。

$$C(i) = \{P_j \mid \parallel P_i - P_j \parallel \ < r\} \tag{4-9}$$

完成匹配后可以进一步计算平均处理效果 ATT。计算方法与模型（4-8）一致。

若采用核匹配法，则平均处理效果 ATT 的估计模型如（4-10）所示。

$$\iota_M = \frac{1}{N^T} \sum_{i \in t} \left\{ Y_i^T - \frac{\sum_{j \in C} Y_j^c G[(p_j - p_i)/h_n]}{\sum_{k \in C} Y_j^c G[(p_k - p_i)/h_n]} \right\} \tag{4-10}$$

其中，$G(\cdot)$[①] 为核函数（Kernel Function），h_n 为"带宽参数"（Bandwidth Parameter）。

表 4-6 为稳健性检验 1，Panel A 为不同匹配方法下，基金公司是否参与调研对其持股比例变动的影响，Panel B 为不同匹配方法下，参与调研的

---

① 括号中的点代表具体的式子。

基金公司在获取悲观信息后对持股比例的影响效应。从表中的结果可以看出，无论是采用半径匹配还是核匹配，基金公司是否参与调研对其持股比例的影响效应和基金公司在调研过程中是否获取悲观信息对持股比例的影响效应均呈现出较强的稳定性。

表4-6 稳健性检验1

Panel A 基于是否调研的 PSM 匹配				
变量名称	匹配方法	ATT	标准误	T 值
∣ΔShareProportion∣	半径匹配	0.168	0.016	10.810***
	核匹配	0.168	0.015	10.820***
Panel B 基于调研是否悲观消息的 PSM 匹配				
变量名称	匹配方法	ATT	标准误	T 值
ΔShareProportion	半径匹配	−0.187	0.068	−2.730***
	核匹配	−0.189	0.068	−2.740***

（2）不同的持股比例计算方法。

在主要检验中，本章计算持股比例计算的是 $t+1$ 期的持股变动。为了更好地反映参与调研的基金公司在调研日之后的持股行为，本章将调研日与当季度期末间隔天数作为权重，重新计算了基金持股变动①。具体计算方法如模型（4-11）所示。

$$\Delta Shareproportion_t^* = \Delta Shareproportion_t \times \frac{Date_{quarter_t} - Date_{SV_t}}{Date_{quarter_t} - Date_{quarter_{t-1}}}$$

(4-11)

其中，$\Delta Shareproportion_t^*$ 为采用新的计算方法得出的持股比例的变动，$Date_{quarter_t}$ 为 t 季度末的日期，$Date_{SV_t}$ 为基金公司在 t 季度参与调研的日期。

表4-7为稳健性检验2，Panel A 为将采用模型（4-11）计算的持股比例应用于模型（4-3）和模型（4-4）后重新进行回归的结果，Panel B 为利用模型（4-11）计算的持股比例并对其重新进行倾向得分匹配分析的结果。从表4-7 Panel A 中可以看出，在采用了不同的算法计算持股比例后，参与调研的基金公司获取悲观信息后减少持股，获取乐观信息后增加持股；从表

---

① 在处理数据过程中已剔除了调研日和季度期末在同一天的样本。

4-7 Panel B 中可看出，无论在匹配前还是在匹配后，基金公司获取悲观信息对持股比例的影响效应都显著异于 0，这与表 4-4 和表 4-5 的结论一致。

表 4-7 稳健性检验 2

Panel A：回归检验		
变量	$\Delta ShareProportion*$	
	（1）	（2）
Neg-news	-0.216 *** （-2.665）	
Tone		0.110 *** （3.622）
ROA	4.698 *** （7.105）	4.788 *** （7.240）
Lev	0.075 （0.239）	0.085 （0.271）
Tobin	-0.055 ** （-2.039）	-0.060 ** （-2.226）
Size	-0.168 *** （-4.346）	-0.172 *** （-4.450）
BM	-0.012 *** （-0.549）	-0.011 （-0.468）
Fund Size	0.037 （1.590）	0.038 （1.628）
Fund Age	-0.003 （-0.251）	-0.003 （-0.238）
Herding	0.259 （0.398）	0.374 （0.574）
Market	0.023 （0.341）	-0.015 （-0.222）
Constant	2.990 *** （3.024）	2.852 *** （2.895）
基金类型	YES	YES
N	2 495	2 495
$Adj\text{-}R^2$	0.024	0.026

Panel B：PSM 检验						
变量	样本	悲观消息组	控制组	ATT	标准误	T 值
$\Delta ShareProportion*$	匹配前	0.085	0.068	-0.001	0.055	-2.056 **
	匹配后	0.085	0.094	-0.179	0.094	-1.903 *

（3）随机词库的检验。

本章在已构建的悲观词库和乐观词库中，随机抽80%的单词构建新的词库，并对本章主要结论重新进行检验，并重复该过程10次。表4-8为随机抽取词库后，用新的词库重新测度悲观的调研信息，并以此为基础进行倾向得分匹配分析。从表4-8中的结果可以看出，参与调研的基金公司获取的悲观信息对持股比例变化的影响效应显著异于0，与表4-5的结论一致。

表4-8　稳健性检验3（1）

变量名称	次数	样本	悲观消息组	控制组	ATT	标准误	T值
$\Delta ShareProportion$	第1次	匹配前	0.252	0.081	-0.171	0.064	-2.359**
		匹配后	0.252	0.030	-0.223	0.095	-2.568**
	第2次	匹配前	0.258	0.079	-0.179	0.067	-2.470**
		匹配后	0.258	0.014	-0.244	0.088	-2.727***
	第3次	匹配前	0.253	0.077	-0.175	0.069	-2.477**
		匹配后	0.253	0.007	-0.245	0.089	-2.802***
	第4次	匹配前	0.241	0.085	-0.156	0.067	-2.131**
		匹配后	0.241	0.080	-0.161	0.089	-1.774*
	第5次	匹配前	0.292	0.060	-0.232	0.068	-3.365***
		匹配后	0.292	0.040	-0.252	0.084	-2.998***
	第6次	匹配前	0.234	0.088	-0.146	0.066	-1.975**
		匹配后	0.234	0.074	-0.161	0.094	-1.695*
	第7次	匹配前	0.263	0.081	-0.182	0.071	-2.457**
		匹配后	0.263	0.073	-0.189	0.089	-2.097**
	第8次	匹配前	0.216	0.076	-0.140	0.068	-2.153**
		匹配后	0.216	0.024	-0.192	0.077	-2.485**
	第9次	匹配前	0.295	0.058	-0.237	0.067	-3.450***
		匹配后	0.295	0.032	-0.263	0.081 0	-3.139***
	第10次	匹配前	0.227	0.087	-0.140	0.063	-1.948*
		匹配后	0.227	0.075	-0.153	0.089	-1.728*

接着，本章按照80%的比率对词库进行随机抽样，利用依次得到的随机词库进行回归检验，重复该过程10次，得到回归系数均值和 t 统计值。表4-9为稳健性检验3（2），利用上述方法，检验了参与调研的基金公司获得的信息内容对持股变化的影响结果①。表4-9中的结果与表4-4的结果一致。

以上结果表明，在采用了不同方法后，本章的研究结论具有稳健性。

表4-9　稳健性检验3（2）

变量	$\Delta Sharepropotion$	
	（1）	（2）
Neg-news	-0.211*** (-2.686)	
Tone		0.088*** (2.921)
ROA	2.695*** (4.174)	2.786*** (4.312)
Lev	0.165 (0.534)	0.151 (0.489)
Tobin	-0.035 (-1.340)	-0.040 (-1.510)
Size	-0.136*** (-3.596)	-0.135*** (-3.579)
BM	-0.015 (-0.672)	-0.014 (-0.621)
Fund Size	0.057** (2.523)	0.057** (2.524)
Fund Age	-0.017 (-1.581)	-0.018 (-1.592)
Herding	0.703 (1.107)	0.764 (1.201)
Market	0.030 (0.454)	0.010 (0.152)

---

① 由于篇幅有限，本章只列出了其中一次随机抽取词库的结果，其余在附录B的附表4-1～附表4-9中给出。

表4-9(续)

变量	$\Delta Sharepropotion$	
	（1）	（2）
Constant	1.710* （1.770）	1.529 （1.587）
基金类型	YES	YES
Adj R^2	0.011	0.011
N	2 495	2 495

4.5 本章小结

笔者通过构建调研信息中的悲观情绪词词库和乐观情绪词词库，建立调研情绪信息内容研究框架，以 2010 年至 2016 年基金公司及其所管理的基金为样本，研究参与调研的机构投资者是否根据所获取的调研信息进行投资决策，是否达到调研信息获取与投资决策的一致性。研究发现：以基金公司为代表的机构投资者参与调研后，对其所管理的基金在被调研上市公司中的持股比例的变化会产生影响；当参与调研的基金公司获取较悲观（乐观）的信息时，该基金公司旗下基金会减少（增加）持股比例，表明机构投资者（基金公司）能够根据其所获取的调研信息进行投资决策，做到调研信息获取与投资决策的一致性行为。以上结论在一系列稳健性检验后依然成立。

此研究结论具有一定的理论意义和现实意义：①从调研文本内容角度出发来研究机构投资者调研信息获取与投资行为，在已有文献中较为鲜见；②基于调研信息内容，将机构投资者获取的调研信息内容量化，将其所获取的调研信息根据情绪分为悲观信息和乐观信息，实证检验了机构投资者（基金公司）在调研过程中获取悲观信息或乐观信息对其调研后的投资行为会产生影响，并据此检验其是否会根据调研信息进行投资决策，保持调研信息获取与投资决策的一致性。本章研究所采用的研究方法与度量手段为今后开展类似研究提供了借鉴。

5 机构调研信息获取与投资决策的
一致性行为的影响因素研究

第4章已经明确了机构投资者参与调研会影响其持股行为，当机构投资者在获取悲观（乐观）的调研信息时会采取减持（增持）行为，表明机构投资者能够根据获取的调研信息进行投资决策，做到保持调研信息获取和投资决策的一致性。

5.1 问题引入

本章在第4章的基础上，主要从文化氛围和机构投资者的自身特征出发，来探讨影响机构投资者调研信息获取与投资决策一致性行为的因素。本章基于机构投资者所处地域的文化氛围，以及机构投资者治理水平、所管理投资组合业绩的涨幅、所有权性质，来研究影响机构投资者调研信息获取和投资决策的一致性行为的因素。本章得到的结论既是对第4章研究结论的进一步验证，也是对第4章结论的进一步延伸。

本章仍以基金公司作为机构投资者的代表，以2010年至2016年参与调研的基金公司所获取的调研信息文本数据为样本，以第4章的研究结论为基础，构建了机构投资者调研信息获取与投资决策一致性行为的变量。研究发现机构投资者所处区域的儒家文化氛围、治理水平、所持有投资组合业绩的涨幅及所有权性质会影响其根据调研信息进行投资决策的行为。机构投资者越受儒家文化氛围影响，治理水平越高，所持投资组合业绩的涨幅越大，实际控制人为中资机构时，越能达到调研信息获取与投资决策的一致。这表明机构投资者所处地区的文化氛围及自身特征是影响其调研信息获取与投资决策一致性行为的重要因素。

5.2　理论分析与研究假设

文化环境对决策者有着重要影响。中国作为文化大国、文化强国，中国的投资者行为受到各种文化潜移默化的熏陶。2013年陈冬华提出，中国传统文化中的部分精髓思想独具理性逻辑；2020年淦未宇等人指出，儒家文化是影响最为深远的非正式制度，并且"知行合一"思想是儒家文化的重要组成部分；同时张涉君和宁腾飞分别在2015年和2019年提出，我国有"南老北孔"的说法，即我国南方地区更崇尚老子的道家文化，北方则更崇尚儒家文化。虽然中国南方地区在市场化改革方面比北方地区的更先实践，得到的经济效益更好；但是，我国传统文化对投资者行为的影响源远流长，中国北方地区的机构投资者受儒家文化的影响更为深远，儒家文化对它们的指引和约束作用更强。因此它们在获取调研信息后，更能够根据调研信息的好坏进行投资，达到调研信息获取与投资决策的一致性。由此本书提出假设5-1：

假设5-1：机构投资者越受儒家文化氛围影响，越能做到调研信息获取和投资决策的一致性行为。

机构投资者由基金公司、券商、保险公司等组成，它们与一般上市公司一样，具有完善的公司结构。就基金公司而言，其治理水平不同，参与调研及投资行为的动机也不同。基金公司的投研部门参与调研是公司实现利益增长的重要途径，它们开展实地调研有助于薪酬提升以及管理层权力的扩大。由于管理层的薪酬与所管理的基金业绩息息相关，因此，治理水平高的基金公司更强调约束和激励，管理层为了提高自身的薪酬，会根据所获取的调研信息理性地进行投资决策，以获得更高的基金业绩；治理水平低的基金公司，约束机制不健全，管理层为实现自身利益容易盲目地扩大基金规模，从而会产生非理性的投资行为。

基于期望效用理论，机构投资者中的投资执行者的工作动机会受到目标效价和期望值的影响。根据弗鲁姆（Vroom）1964年提出的观点，对于基金公司而言，更高的期望值和目标效价才能更好地激励基金经理发挥作用；基金经理的期望值和目标效价则通过薪酬机制体现出来，基金经理的薪酬与基金业绩直接相关。一方面，基金经理所管理的基金业绩越好，其薪酬越高；另一方面，较好的基金业绩促使基金经理再投资时，采取理性的投资策略以获取更高的个人薪酬。因此，基金经理所管理的基金业绩较好、涨幅较大时，会进一步激励其为了提高基金业绩，在判断调研信息为利空消息或者利好消息后，根据所获取的消息进行投资决策，以此获取更高的薪酬。

2015 年刘春奇提出，中资基金公司的投资理念和投资方式相比较合资基金公司的投资理念更适合中国市场，其基金业绩明显优于外资背景的基金公司；同时，董丽娃 2017 年也提出中资基金公司的系统风险和非系统风险都要明显低于合资基金公司。这是因为中资基金公司在进行实地调研时，其受中国文化和具有中国特色的投资理念的影响，会根据所获取的信息进行投资决策。

由此，本书提出假设 5-2：

假设 5-2：机构投资者的自身特征能够影响其调研信息获取与投资决策的一致性行为。

假设 5-2a：机构投资者的治理水平越高，越能根据调研信息进行投资决策；

假设 5-2b：机构投资者所持有的投资组合的业绩涨幅越大，越能根据调研信息进行投资决策；

假设 5-2c：机构投资者的实际控制人为中资机构时，比不是中资机构的更能根据调研信息进行投资决策。

5.3 研究设计

5.3.1 数据来源及变量衡量

为了检验上述假设，本章选取了 2010 年至 2016 年参与调研的基金公司旗下的所有基金作为研究样本。其中调研信息内容来自东方财富网 Choice 数据终端，被调研上市公司相关数据及基金相关数据来自 CSMAR 数据库。

为了保证结果的稳健性，本章对样本进行如下筛选：①剔除了基金及其持股对象主要数据缺失的样本；②剔除了持股对象为金融类和 ST 类上市公司的样本；③由于部分调研文本报告过于简化，例如，只是简单叙述为"公司业绩""公司生产经营情况和业务发展战略情况"或"1季度产销情况、终端价格变化情况以及库存情况"等，因此本章剔除文本总单词数少于100的样本；④本章对所有连续变量在1%和99%水平进行缩尾。最终，本章包含样本共计2 495个。

（1）机构投资者调研信息获取与投资决策的一致性行为的定义。

机构投资者要理解和识别信息内容就需要在实践中进行思考和投入精力，理性调整基金资产配置，平衡提高收益与控制风险的关系。因此，本章以基金公司所获取的调研信息内容与其旗下基金持股变化的一致性来衡量基金公司是否做到调研信息获取与投资决策的一致性行为。如果基金公司获取"乐观消息"时采取增持行为，或者获取"悲观消息"时采取减持行为时，本章就认为基金公司做到了调研信息获取与投资决策的一致性行为。因此基金公司获取"乐观消息"并采取增持行为和获取"悲观消息"并采用减持行为时，设置为1，否则为0。此外，2007年何兴强和李涛的研究表明，市场对"乐观消息"和"悲观消息"的反应存在一定的差异，市场投资者对"乐观消息"能及时产生反应，但对"悲观消息"反应不足。因此，本章还设定当基金公司获取"乐观消息"并采取增持行为（$PZXHY$）时为1，否则为0①。

（2）机构投资者（基金公司）所在地文化氛围的设定。

由于机构投资者所在地不同，地域文化有所差异，因此，本章根据基于GIS的中国南北分界带分布图，以秦岭—淮河为界，初步尝试将注册所在地位于秦岭—淮河以北的基金公司划分为北方地区的基金公司，位于秦岭—淮河以南的划分为南方地区的基金公司。同时，本章参考古志辉2015年、淦未宇等人2020年对儒家文化的度量方法，统计参与调研的基金公司注册地方圆500千米内且在历史上有儒家学校的数量作为儒家文化氛围的代理变量。

（3）机构投资者治理水平的设定。

基金公司治理水平的评价指标，本章参考江萍等人2011年、李学峰等人2008年以及董永琦2019年的研究，选取基金公司的当季度规模、管理

---

① 这里需要说明的是，本书在验证一致性行为时，第4章以及本章都是采用季度数据，即采用t+1季度减去t季度的持股比例来计算持股比例变动；并没有将第2季度或者第4季度的数据用半年报及年报中的数据来替代。此外，本章设定的具有积极性的一致性行为并非是一致性行为的分样本。

基金数量、经理人数、平均经理任职天数、公司年龄、是否两职合一、独立董事比例、人事变动次数、机构持有比例及内部持有比例 10 个变量做主成分分析。首先对数据进行标准差处理，计算 KMO 值，为 0.866（大于 0.8），表明选取的 10 个变量适合使用主成分分析。根据对应的方差贡献，确定每个主成分的权重，得到最终的基金公司治理水平得分为 GF = 39.269%+12.701%+29.262%，并设置治理水平得分大于中位数为 1，否则为 0。

具体的主成分特征值占总方差的比例见表 5-1。

表 5-1　主成分特征值占总方差的比例

成分	初始特征值			提取平方和载入		
	合计	方差贡献 /%	累积方差贡献/%	合计	方差贡献 /%	累积方差贡献/%
1	2.963	29.626	29.626	2.963	29.626	29.626
2	1.270	12.701	42.327	1.270	12.701	42.327
3	1.107	11.069	53.397	1.107	11.069	53.397
4	0.992	9.924	63.321			
5	0.910	9.097	72.418			
6	0.814	8.135	80.553			
7	0.756	7.563	88.117			
8	0.655	6.547	94.664			
9	0.492	4.920	99.583			
10	0.042	0.417	100.000			

具体变量定义见表 5-2。

表 5-2　变量定义

变量符号	变量名称	变量度量标准
ZXHY	机构投资者调研信息获取与投资决策的一致性行为	当基金公司获取的调研信息为"乐观（悲观）消息"且旗下基金持股比例增持（减持）时，设置为 1，否则为 0

表5-2(续)

变量符号	变量名称	变量度量标准
PZXHY	积极型的机构投资者调研信息获取与投资决策的一致性行为	当基金公司获取的调研消息为"乐观消息"且旗下基金持股比例增加时为1,否则为0
Confu	基金公司注册地的儒家文化氛围	基金公司注册地方圆500千米内的清代儒家学校的数量/1 000
Earnings	基金业绩涨幅	参与调研基金公司所管理的基金当季度阶段涨幅
Nature	基金公司所有权性质	参与调研基金公司所有权性质,当实际控制人为中资机构时设置为1,否则为0
Governance	基金公司治理水平	参与调研基金公司当季度治理水平得分,本章设置治理水平得分大于中位数为1,否则为0
ROA	总资产收益率	被调研上市公司当季度总资产报酬率,即 $\dfrac{当期利润}{总资产}$
Lev	资产负债率	被调研上市公司当季度资产负债率,即 $\dfrac{当期总负债}{总资产}$
Tobin	托宾Q	被调研上市公司当季度托宾Q值
Size	公司规模	被调研上市公司当季度规模,为公司总资产的自然对数
BM	账面市值比	被调研上市司当季度账面市值比
Fund Size	基金规模	参与调研基金公司所管理的基金当季度净资产对数
Fund Age	基金年龄	参与调研基金公司所管理的基金当季度年龄
Herding	羊群行为	根据机构投资者持有年度的重仓股数据计算得到
Market	市场环境	参考既定研究,比较上证综指收益率与一年期银行存款收益率,大于则为牛市,设置为1,否则为熊市,设置为0
Gender	基金经理的性别	参与调研的基金公司旗下基金经理性别,设置男性为1,女性为0
Degree	基金经理的学历	参与调研的基金公司旗下基金经理的学历,设置本科及以上学历为1,否则为0

5.3.2 研究模型的构建

为检验假设 5-1，本章采用模型（5-1）。

$$ZXHY_{i,j,t}/PZXHY_{i,j,t} = \alpha_0 + \alpha_1 Confu_{i,t}/Governance_{i,t}$$
$$/Earnings_{i,t}/Nature_{i,t} + \alpha_2 Controls + \varepsilon \qquad (5\text{-}1)$$

其中，$Confu_{i,t}$ 为基金 i 所属公司注册地的儒家文化氛围，$Governance_{i,t}$ 为基金 i 所属公司在 t 期公司治理得分变量，$Earnings_{i,t}$ 为基金 i 在 t 期阶段涨幅，$Nature_{i,t}$ 为基金 i 所属公司性质，上市公司特征如当季资产报酬率（ROA）、资产负债率（Lev）、托宾 Q（$Tobin$）、规模（$Size$）及账面市值比（BM），以及参与调研的基金公司所管理的基金的特征如基金规模（$Fund\ Size$）、基金年龄（$Fund\ Age$），羊群行为（$Herding$），市场环境（$Market$），参与调研的基金公司旗下基金经理的性别（$Gender$）和学历（$Degree$）为控制变量。

5.4 检验结果及分析

5.4.1 描述性统计

表 5-3 为主要变量的描述性统计。$ZXHY$ 的均值为 0.501，中位数为 1，表明样本中大部分获取调研信息的基金公司都能根据所获取的调研信息进行投资决策；$PZXHY$ 的均值为 0.363，说明在获取较乐观的调研信息后进行增持的基金占所有达到一致性行为状态的基金总数的 36.3%。至于参与调研的基金公司所在地文化及特征变量（$Confu$、$Nature$、$Governance$），它们的均值分别为 0.221、0.674、0.495，这说明参与调研的基金公司注册地所在 500 千米范围内儒家学校的平均数量有 221 所，参与调研的基金公司治理水平较高，公司性质大多为中资企业。$Earnings$ 的均值为 0.032，表明参与调研的基金公司所管理的基金涨幅为 3.2%。

表 5-3　主要变量的描述性统计

变量	平均值	中位数	标准差	最小值	最大值	样本量
$ZXHY$	0.501	1	0.500	0	1	2 495

表5-3(续)

变量	平均值	中位数	标准差	最小值	最大值	样本量
PZXHY	0.363	0	0.482 1	0	1	2 495
Confu	0.221	0.254	0.061	0.152	0.352	2 495
Earnings	0.032	0.020	0.151	−0.419	0.688	2 495
Nature	0.674	1	0.473	0	1	2 495
Governance	0.495	0	0.500	0	1	2 495
ROA	0.056	0.041	0.052	−0.108	0.289	2 495
Lev	0.368	0.350	0.192	0.024	0.821	2 495
Tobin	4.147	3.581	2.589	0.162	13.159	2 495
Size	22.516	22.342	1.126	19.966	25.908	2 495
BM	5.525	4.962	2.510	1.326	15.692	2 495
Fund Size	22.980	23.230	1.495	18.064	25.574	2 495
Fund Age	5.042	5	3.231	0	12	2 495
Herding	0.149	0.145	0.049	0.055	0.310	2 495
Market	0.445	0	0.497	0	1	2 495
Gender	0.807	1	0.395	0	1	2 495
Degree	0.968	1	0.175	0	1	2 495

5.4.2 回归结果分析

表5-4、表5-5、表5-6、表5-7列示了影响机构投资者调研信息获取与投资决策的一致行为的因素。为了验证假设5-1，本章根据参与调研的基金公司注册所在地，将样本分为了北方地区的基金公司和南方地区的基金公司。在表5-4的北方地区的基金公司样本中，*Confu* 的系数分别为4.693和4.989，并且都在5%水平上显著正相关；而在南方地区的样本中 *Confu* 的系数均不显著，这表明受"南老北孔"的影响，位于中国北方的基金公司受儒家文化影响更深远；文化氛围的不同，使得北方的基金公司在参与调研后，受到儒家文化的指引和约束，更能够根据调研信息的好坏进行投资，从而达到调研信息获取与投资决策的一致性。基于上述对基金公司回归的分析，假设5-1得到验证。

由表 5-5 的结果可以看出，*Governance* 的系数分别为 0.204 和 0.280，并且分别在 5% 和 1% 的水平上显著。这说明，在控制了被调研上市公司的特征变量和参与调研基金公司所管理的基金特征后，基金公司的治理水平与其根据调研信息进行投资决策的行为显著正相关，表明基金公司的治理水平越高，越能根据调研信息进行投资决策，达到调研信息获取和投资决策的一致性，由此，假设 5-2a 得到验证。表 5-6 的结果表明，*Earnings* 的系数分别为 1.692 和 0.757，并且都在 1% 水平上显著，说明参与调研的基金公司旗下基金业绩的涨幅越大，基金公司越能基于调研信息进行投资决策，达到调研信息获取与投资决策的一致性，假设 5-2b 得证。由表 5-7 的结果可知，参与调研基金公司的所有权性质与其根据调研信息进行投资决策的行为显著正相关，这表明当参与调研的基金公司的实际控制人为中资时，其受中国的投资理念和投资方式的影响，特别是受中国文化影响后能根据调研信息进行投资决策，达到调研信息获取与投资决策的一致性，假设 5-2c 得证。此外上述检验中基金经理的性别（*Gender*）这一控制变量与 *ZXHY* 显著相关，表明基金经理的个人特征也会在一定程度上影响其信息获取和投资决策的一致性，但并没有比其他因素更重要。

表 5-4　基金公司注册地所在地文化氛围与一致性行为的回归结果

变量	模型（5-1）			
	北方地区		南方地区	
	（1）	（2）	（3）	（4）
	ZXHY	*PZXHY*	*ZXHY*	*PZXHY*
Confu	4.693 ** (2.050)	4.989 ** (2.198)	0.691 (0.972)	1.159 (1.542)
ROA	0.928 (1.068)	−0.438 (−0.481)	0.928 (0.964)	1.760 * (1.743)
Lev	1.007 ** (2.107)	−0.177 ** (−1.994)	1.007 ** (2.107)	0.105 (0.209)
Tobin	0.057 (1.438)	−0.380 *** (−3.229)	0.057 (1.438)	0.038 (0.922)
Size	−0.114 (−1.578)	0.037 (0.501)	−0.136 ** (−2.352)	−0.030 (−0.490)

表5-4(续)

变量	模型（5-1）			
	北方地区		南方地区	
	（1）	（2）	（3）	（4）
	ZXHY	*PZXHY*	*ZXHY*	*PZXHY*
BM	0.165 ** (1.975)	0.135 (1.581)	−0.090 *** (−2.678)	−0.023 (−0.655)
Fund Size	−0.012 (−0.361)	0.010 (0.292)	0.064 * (1.865)	0.059 (1.612)
Fund Age	−0.279 (−0.125)	−1.336 (−0.577)	−0.038 ** (−2.263)	−0.027 (−1.498)
Herding	−0.288 (−1.159)	0.778 *** (3.835)	1.020 (1.088)	−1.643 (−1.631)
Market	0.339 (1.453)	0.465 * (1.886)	−0.120 (−1.272)	0.627 *** (6.308)
Gender	−0.529 (−1.370)	−0.480 (−1.301)	0.232 * (1.933)	0.336 ** (2.551)
Degee	−0.086 (−0.168)	0.480 (0.949)	−0.024 (−0.074)	0.148 (0.416)
Constant	21.744 * (1.728)	20.585 (1.61)	1.241 (0.832)	−1.855 (−1.163)
基金类型	YES	YES	YES	YES
Pseudo R²	0.045	0.064	0.011	0.026
N	509	509	1 986	1 986

注：上述回归是二元的 logstic 回归。ZXHY 为哑变量，＊,＊＊,＊＊＊ 分别代表在 10%，5% 和 1% 的水平上显著（双尾检测），下同。

表 5-5　基金公司治理水平与一致性行为的回归结果

变量	模型（5-1）	
	（1）	（2）
	ZXHY	*PZXHY*
Governance	0.204 ** (2.330)	0.280 *** (3.048)

表5-5(续)

变量	模型 (5-1)	
	(1)	(2)
	ZXHY	*PZXHY*
ROA	1.509* (1.799)	2.400*** (2.627)
Lev	0.933** (2.242)	−0.117 (−0.269)
Tobin	0.030 (0.843)	−0.010 (−0.240)
Size	−0.166*** (−3.247)	−0.097* (−1.808)
BM	−0.097*** (−3.252)	−0.011 (0.365)
Fund Size	0.071** (2.196)	0.040 (1.155)
Fund Age	−0.025* (−1.686)	−0.016 (−1.027)
Herding	0.713 (0.832)	−1.684* (−1.848)
Market	−0.138** (−1.638)	0.650*** (7.386)
Gender	0.235** (2.245)	0.309*** (2.729)
Degree	−0.287 (−1.215)	−0.154 (−0.639)
Constant	2.394* (1.782)	0.520 (0.367)
基金类型	YES	YES
Pseudo R²	0.017	0.030
N	2 495	2 495

表 5-6 基金公司旗下基金涨幅与一致性行为的回归结果

变量	模型（5-1）	
	（1）	（2）
	ZXHY	PZXHY
Earnings	1.692*** （5.855）	0.757*** （2.621）
ROA	1.696* （1.922）	2.315** （2.536）
Lev	0.807* （1.925）	−0.192 （−0.442）
Tobin	0.024 （0.665）	−0.008 （−0.222）
Size	−0.160*** （−3.118）	−0.087 （−1.620）
BM	−0.105*** （−3.489）	−0.015 （−0.484）
Fund Size	0.097*** （3.124）	0.073** （2.237）
Fund Age	−0.022 （−1.446）	−0.017 （−1.092）
Herding	0.352 （0.409）	−1.862** （−2.039）
Market	−0.249*** （−2.860）	0.606*** （6.718）
Gender	0.246** （2.333）	0.311*** （2.754）
Degree	−0.302 （−1.273）	−0.175 （−0.730）
Constant	1.973 （1.481）	−0.163 （−0.116）
基金类型	YES	YES
Pseudo R^2	0.025	0.029
N	2 495	2 495

表 5-7　基金公司所有权性质与一致性行为的回归结果

变量	模型 (5-1)	
	(1)	(2)
	ZXHY	*PZXHY*
Nature	0. 294 *** (3. 342)	0. 284 *** (3. 113)
ROA	1. 272 (1. 449)	2. 042 ** (2. 242)
Lev	0. 972 ** (2. 332)	−0. 091 (−0. 209)
Tobin	0. 040 (1. 103)	0. 002 (0. 041)
Size	−0. 164 *** (−3. 217)	−0. 093 * (−1. 726)
BM	−0. 105 *** (−3. 492)	−0. 019 (−0. 601)
Fund Size	0. 097 *** (3. 134)	0. 074 ** (2. 266)
Fund Age	−0. 023 (−1. 540)	−0. 015 (−0. 970)
Herding	0. 558 (0. 651)	−1. 851 ** (−2. 026)
Market	−0. 128 (−1. 518)	0. 663 *** (7. 527)
Gender	0. 226 ** (2. 150)	0. 297 *** (2. 630)
Degree	−0. 252 (−1. 066)	−0. 131 (−0. 548)
Constant	1. 819 (1. 371)	−0. 234 (−0. 167)
基金类型	YES	YES
Pseudo R^2	0. 018	0. 030
N	2 495	2 495

5.4.3 稳健性检验

（1）不同持股比例的计算方法。

在主要检验中，本章计算持股比例采用的是 $t+1$ 期的持股变动。为了更好地反映参与调研的基金公司在调研日之后的持股行为，本章将调研日与当季度期末间隔天数作为权重，重新计算了基金持股变动。具体计算方法如模型（5-2）所示。

$$\Delta Shareproportion_t^* = \Delta Shareproprotion_t \times \frac{Date_{quarter_t} - Date_{SV_t}}{Date_{quarter_t} - Date_{quater_{t-1}}}$$

$$(5-2)$$

其中，$\Delta Shareproportion_t^*$ 为采用新的计算方法得出的持股比例的变动，$Date_{quarter_t}$ 为 t 季度末的日期，$Date_{SV_t}$ 为基金公司在 t 季度参与调研的日期。

表5-8为稳健性检验4，是将采用了模型（5-2）计算的持股比例作为标准计算的 ZXHY 应用于模型（5-1）后，重新进行 Logistics 回归后的结果。表5-8的结果表明，参与调研基金公司注册地的儒家文化氛围（Confu）、治理水平（Governance）、所管理基金业绩涨幅（Earnings）及所有权性质（Nature）均能影响以 ΔShareProportion * 为基础计算的 ZXHY 变量，与表5-4至表5-7的结论一致。

表5-8　稳健性检验4

变量	ZXHY				
	（1）	（2）	（3）	（4）	（5）
Confu（北方）	5.458 ** (2.364)				
Confu（南方）		0.808 (1.151)			
Governance			0.218 ** (2.494)		
Earnings				1.561 *** (5.428)	
Nature					0.291 *** (3.313)

表5-8(续)

变量	ZXHY				
	（1）	（2）	（3）	（4）	（5）
ROA	1.436 (1.583)	0.956 (0.995)	1.778** (2.026)	1.861** (2.114)	1.452* (1.657)
Lev	−0.047 (−0.534)	1.003** (2.104)	1.060** (2.55)	0.944** (2.254)	1.095*** (2.629)
Tobin	−0.387*** (−3.320)	0.059 (1.495)	0.041 (1.145)	0.036 (1.001)	0.050 (1.407)
Size	−0.154** (−2.110)	−0.130** (−2.246)	−0.170*** (−3.337)	−0.164*** (−3.199)	−0.168*** (−3.288)
BM	0.165** (1.980)	−0.091*** (−2.719)	−0.108*** (−3.600)	−0.115*** (−3.823)	−0.115*** (−3.830)
Fund Size	−0.013 (−0.387)	0.061* (1.781)	0.069** (2.116)	0.096*** (3.087)	0.096*** (3.096)
Fund Age	0.100 (0.045)	−0.036** (−2.146)	−0.024 (−1.629)	−0.021 (−1.430)	−0.022 (−1.494)
Herding	−0.134 (−0.684)	0.957 (1.023)	0.744 (0.870)	0.405 (0.472)	0.581 (0.680)
Market	−0.109 (−0.216)	−0.138 (−1.470)	−0.136 (−1.618)	−0.237*** (−2.730)	−0.126 (−1.499)
Constant	23.285* (1.866)	1.252 (0.855)	2.371* (1.796)	1.902 (1.455)	1.788 (1.372)
基金类型	YES	YES	YES	YES	YES
Pseudo R^2	0.044	0.010	0.015	0.022	0.017
N	509	1 986	2 495	2 495	2 495

注：Confu（北方）为北方地区样本，Confu（南方）为南方地区样本。下同。

（2）随机词库的检验。

本章按照80%的比率对构建的悲观、乐观情绪词库进行随机抽样，利用依次得到的随机词库进行回归检验，重复该过程10次，在随机抽取词库后，用新的词库重新测度调研信息的表达语调，并以此为基础检验影响基金公司调研信息获取和投资决策的一致性行为的因素。表5-9为稳健性检验5，列示了利用上述方法检验影响机构投资者调研信息获取与投资决策一致性行为因素的结果①。表5-9的结果与表5-4至5-7的结果一致，表明在采用了不同方法后，本章的研究结论依然稳健。

表5-9　稳健性检验5

变量	ZXHY				
	（1）	（2）	（3）	（4）	（5）
Confu（北方）	5.575 ** (2.407)				
Confu（南方）		0.727 (1.023)			
Governance			0.216 ** (2.468)		
Earnings				1.571 *** (5.459)	
Nature					0.281 *** (3.196)
ROA	1.378 (1.514)	0.879 (0.914)	1.706 * (1.940)	1.791 ** (2.031)	1.392 (1.586)
Lev	−0.052 (−0.598)	0.991 ** (2.076)	1.038 ** (2.493)	0.919 ** (2.193)	1.073 *** (2.574)
Tobin	−0.378 *** (−3.226)	0.060 (1.510)	0.040 (1.126)	0.035 (0.977)	0.050 (1.387)
Size	−0.155 ** (−2.126)	−0.125 ** (−2.157)	−0.165 *** (−3.226)	−0.158 *** (−3.087)	−0.162 *** (−3.182)
BM	0.163 * (1.941)	−0.089 *** (−2.656)	−0.106 *** (−3.524)	−0.113 *** (−3.744)	−0.113 *** (−3.752)
Fund Size	−0.015 (−0.433)	0.057 * (1.655)	0.065 ** (1.992)	0.092 *** (2.947)	0.092 *** (2.960)
Fund Age	−0.120 (−0.054)	−0.036 ** (−2.127)	−0.024 (−1.617)	−0.021 (−1.415)	−0.022 (−1.495)
Herding	−0.160 (−0.806)	0.869 (0.927)	0.651 (0.760)	0.306 (0.356)	0.496 (0.578)

────────

① 由于篇幅有限，本章只列出了其中一次随机抽取词库后回归的结果，其余结果在附录B的附表5-1~附表5-9中列示。

表5-9(续)

变量	ZXHY				
	(1)	(2)	(3)	(4)	(5)
Market	0.328 (1.401)	−0.142 (−1.510)	−0.143* (−1.697)	−0.245*** (−2.817)	−0.132 (−1.574)
Gender	−0.476 (−1.225)	0.233* (1.941)	0.230** (2.197)	0.240** (2.279)	0.221** (2.107)
Degree	−0.091 (−0.178)	−0.012 (−0.037)	−0.268 (−1.132)	−0.28 (−1.190)	−0.234 (−0.993)
Constant	23.717* (1.873)	1.135 (0.761)	2.457* (1.828)	1.999 (1.501)	1.855 (1.397)
基金类型	YES	YES	YES	YES	YES
Pseudo R^2	0.049	0.012	0.017	0.024	0.018
N	509	1 986	2 495	2 495	2 495

5.5 本章小结

随着中国股市的快速发展，基金公司作为机构投资者的重要组成部分，其规模也在迅速扩大。本章以2010年至2016年参与了调研的基金公司旗下的基金为样本，基于第4章结论继续探讨机构投资者调研与投资决策一致性行为的影响因素。研究发现：基金公司的注册所在地的儒家文化氛围、治理水平、所管理基金业绩的涨幅及所有权性质都能够影响一致性行为。具体地，南北地域文化氛围的差异使得受儒家文化影响更深远的北方地区的机构投资者在判断所获取调研信息后，更能做到调研信息获取和投资决策的一致性行为；同时，治理水平越高，所管理基金业绩的涨幅越大，实际控制人为中资机构时，比不是中资机构的更能达到调研信息获取与投资行为的一致性。以上结论在一系列稳健性检验后依然成立。

此研究具有理论及实践意义：理论上，目前国内外鲜有从文化的角度出发对投资者行为的影响因素进行研究的文献，因此，本章做了一个尝试，可为后续相关的研究提供思路和方法的借鉴；实践上，本章的研究结论可以为机构投资者利用中国儒家文化对其认知和行为的指导作用来提高机构投资者中的管理层的监督管理效率提供理论支撑和经验数据。

6 机构调研信息获取与投资决策的一致性行为对上市公司盈余管理影响的研究

我们通过第 4 章及第 5 章的研究结论得知，机构投资者调研信息获取与投资决策的"知行合一"行为，不仅是机构投资者自身的行为，也是机构投资者同上市公司双向互动的结果。因此机构投资者调研信息获取与投资决策的一致性行为也必然能够对上市公司产生影响。本章在第 4 章及第 5 章的基础上，从上市公司管理层盈余管理的角度出发，探讨机构投资者根据所获取的调研信息进行投资决策的行为对上市公司盈余管理的影响。本章通过分析构投资者调研信息获取与投资决策的一致性行为对上市公司盈余管理的影响，试图进一步揭示该行为所产生的价值。

6.1 问题引入

根据 1976 年詹森（Jensen）和麦克森（Mecking）的观点，公司所有权和管理权的分离导致股东与经理人之间的委托代理问题。盈余管理是委托代理问题的重要表现形式之一。有研究指出，为了实现自身利益，经营者会使用会计方法来更改财务报告以误导利益相关者并进行盈余操纵。在中国的上市公司也存在盈余管理行为，盈余管理严重影响会计信息的质量并降低财务报告的质量水平。

已有文献如谭劲松和林雨晨 2016 年的研究发现，机构调研提升了公司信息的披露质量，有助于提高公司治理水平，发挥公司治理效应。分析师对上市公司的跟踪发挥了监督作用，从而减少了上市公司的盈余管理；正如 2017 年王珊的观点，机构投资者参与上市公司调研能够抑制公司的盈余管理，并且调研次数越多，参与调研的机构人数越多，越能抑制上市公司的盈余管理行为。此外，结合钟（Chung）等人 2002 年和密特拉（Mitra）、克雷迪（Cready）2005 年的观点，机构投资者的持股行为能够对企业管理层起到监督作用，从而减少经理人的盈余管理行为。上述研究表明机构调研获取了信息优势，对企业管理者的投机行为产生了影响；机构投资者持股作为有效的公司治理机制，能监督管理层行为，降低企业代理成本。

虽然，有学者关注到机构投资者可以通过参与上市公司活动对上市公司治理发挥监督作用，它抑制了经理人为获取私利的盈余管理动机；但是，这些都是基于机构投资者调研或者机构投资者持股的角度，较少有文献从机构投资者基于获取的调研信息进行投资决策行为的角度来研究其对公司治理的作用。机构投资者根据所获取的调研信息进行投资决策的行为不仅有信息优势，并且，他们在持有股票后更加关注公司的经营状况，以获得更高的回报，同时也加强了对管理层的监督。当机构投资者获取调研信息与其持股行为相结合以参与上市公司活动，关注上市公司经营业绩时，即机构投资者调研信息获取与投资决策的一致性行为，能否发挥其外部治理作用，抑制上市公司管理层的盈余管理？

为回答这一问题，本章通过文本分析，以持股机构投资者根据所获取的悲观（乐观）的调研信息采取减（增）持行为，来定义机构投资者调研信息获取与投资决策的一致性行为，实证检验了 2010 年至 2018 年机构投资者调研信息获取与投资决策一致性行为对企业盈余管理的影响。研究发现根据调研信息进行投资决策的行为，即调研信息获取与投资决策的一致性行为显著降低了上市公司的盈余管理水平，对上市公司具有治理监督作用；并且非国有企业、公司规模较小企业、信息环境及法律环境较差的企业，机构投资者调研信息获取与投资决策的一致性行为对其盈余管理的抑制作用更明显，表明该行为有助于提高公司治理水平。

6.2 理论分析与研究假设

盈余管理是公司治理的重要议题，由于经理人在企业的经营过程中可能会面临证券监管部门的监督，以及来自资本市场的外部压力，这使得上市公司的经理人更有理由进行盈余管理。有研究者指出，机构投资者之一的基金经理具有专业知识和较强的业务信息解读能力，因此，他们参与上市公司调研能够成为上市公司重要的外部监督机制的一部分，从而减少上市公司管理层的盈余管理行为。此外，机构投资者通过对上市公司进行大量的持股而获取投资收益；因此，根据陈（Chen）等人2004年的观点，为获取可观的投资收益，机构投资者有动机监督公司的经营与投资决策，积极参与公司治理。由此，机构投资者对上市公司的调研及持股行为增强了对上市公司的监督治理作用，降低了上市公司进行盈余管理的可能性。

2017年王珊提出，机构投资者作为专业的投资者，当其参与调研时，有能力和经验解读在调研过程中获取的信息，而上市公司为了吸引机构这一潜在的投资者，则需要规范公司的经营和财务活动来获得机构投资者的投资；同时，高丽和胡艳在2011年提出，机构投资者大比例的持股使得他们与企业的利益具有一致性，机构投资者会积极地对企业的经营决策进行监督和考察，抑制管理层的盈余管理行为。机构投资者根据调研信息进行投资决策的行为反映了机构投资者为了规避损失，会在识别调研信息后采取减少或增加持股比例的行为，这种行为是机构投资者调研信息获取与投资决策一致性行为的表现，它与机构投资者的自身利益相关。因此，机构投资者根据调研信息进行投资决策的行为驱使机构投资者为了获取可观的收益而监督上市公司，参与公司治理；同时，机构投资者理性的选择对上市公司管理层的盈余管理起到了抑制而非纵容的作用。基于上述分析，本书提出假设6-1：

假设6-1：机构投资者调研信息获取与投资决策的一致性行为能够抑制被调研上市公司的盈余管理。

鉴于我国特有的经济体制，上市公司所有权性质不同，其外部治理机制也有所不同，其盈余管理程度也存在一定的差异。相比非国有企业，国有企业属于政治敏锐性企业，其管理层的行为更易受到政府、公众、媒体的关注；此外，国有企业会受到更严格的外部审计。因此，国有企业的盈余管理行为要少于非国有企业的盈余管理行为，外部监督机制对其盈余管理的抑制作用更不显著。因此结合赵磊2018年的研究，作为外部监督机制的机构投资者调研和机构持股对国有上市公司的作用不大，不足以引起国有企业的重视，这使得机构投资者根据调研信息进行投资决策的行为难以约束国有上市公司管理层的行为。相反，如顾鸣润2012年的观点，非国有企业盈余管理程度更深，外部监督机制更能减少企业的盈余管理行为。因此根据谭劲松和林雨晨 2016 年的研究，机构投资者调研能够提升非国有企业的信息披露质量，表明机构投资者参与非国有企业的调研投资行为对其具有积极的治理作用。因此，机构投资者根据调研信息进行投资决策的行为可能会抑制非国有企业的盈余管理，基于上述分析，本书提出假设 6-2：

假设 6-2：与国有企业相比，机构投资者调研信息获取与投资决策的一致性行为对非国有上市公司的盈余管理活动的抑制作用更强。

2013 年李增福和周婷在研究中指出，基于规模效应，规模较大的企业有较强的获利能力，相比规模较小的企业更易受到大众及相关部门的注意。李春涛等人 2014 年的观点认为分析师对规模较大的上市公司有着更强的监督作用；法律、媒体及监管部门对规模较大的企业也能起到一定的监督作用，这些因素使得规模较大的企业受到较强的外部治理机制的监督。此外，规模较大的上市公司，其财务报告质量较好，盈余水平较高，公司透明度较高；同时，这些规模较大的上市公司更注重能给企业带来可持续竞争力的良好声誉和形象，这些声誉和形象对上市公司具有一定的约束力，因此对上市公司的监督作用更强。

相反，规模较小的上市公司其获利能力相对较弱，对投资者的吸引力不足，缺少外部监管；同时结合 2000 年比斯利等人的观点，这些规模较小的上市公司缺乏严格的内部审计和公司治理，没有完善的内部控制和审计制度，其财务报告质量相对较差，使得这些规模较小的上市公司具有更大的盈余操纵空间。因此，小规模上市公司更需要外部监管，机构投资者、媒体、政府监管部门参与较小规模上市公司的活动能够提高其公司治理水平，抑制盈余管理。也就是说，机构投资者根据所获取的调研信息进行投资决策的行为对较小规模上市公司盈余管理活动的抑制作用更强。由此，本书提出假设 6-3：

假设 6-3：与规模较大的公司相比，机构投资者调研信息获取与投资决策的一致性行为对较小规模上市公司的盈余管理活动的抑制作用更强。

当上市公司处于不同的信息环境时，管理层接受外部监督的程度也不同。如果上市公司处于更好的信息环境中，则管理层将受到更多的外部监督。因此，上市公司的经营管理更加规范，财务制度更加完善，盈余管理活动相对较少。2017 年王珊在研究中提出，机构投资者参加上市公司的活动对其盈余管理的约束力不强，而当上市公司的信息环境不佳时，其受外部的有效监督较少，则可能会进行更多的盈余管理活动。因此，机构投资者参与处于较差信息环境的上市公司的调研并对其进行增减持行为时，会形成一定外部监督机制，能够更好地抑制因信息环境较差而进行的盈余管理活动。

除了信息环境的差异，不同地区的法律制度环境也会影响上市公司的盈余管理活动，因此，机构投资者参与上市公司调研并进行增减持的行为，对处于不同法律环境的上市公司的盈余管理活动的影响不同，与2018年赵磊提出的观点一样。由于法治水平较高的地区的市场中介组织发育较为成熟，对投资者的保护程度较高，外部监管与治理机制相对完善，机构投资者根据调研信息进行投资决策的行为对其盈余管理的抑制作用较弱。相反，上市公司处于法律环境较差的地区时，其法律的监督机制不完善，因此人为的外部治理作用则充分体现出来。机构投资者参与上市公司调研并进行增减持股的行为推动并加强了其对上市公司的外部治理作用。基于上述分析，本书提出假设6-4。

假设6-4a：机构投资者调研信息获取与投资决策的一致性行为对处于信息环境较差的地区的上市公司的盈余管理活动的抑制作用更强；

假设6-4b：机构投资者调研信息获取与投资决策的一致性行为对处于法律环境较差的地区的上市公司的盈余管理活动的抑制作用更强。

6.3 研究设计

6.3.1 数据来源与变量测度

本章选取2010年至2018年我国A股上市公司为研究样本，机构投资者所获取的调研文本数据来自东方财富网Choice数据终端，公司财务数据来自CSMAR数据库。为了保证结果的稳健性，本章对样本进行如下筛选：①剔除了主要数据缺失的样本；②剔除了金融类和ST类上市公司的样本；③本章对所有连续变量在1%和99%水平进行缩尾。最终，本章获得2010年至2018年的13 754个公司年度观测值。

（1）机构投资者调研信息获取与投资决策的一致性行为的测度。

本章基于持股机构所获取的调研信息与持股变化的一致性，来定义调研信息获取与投资决策的一致性行为。具体地，首先本章对持股机构获取的调研信息中的乐观词频与悲观词频进行比较，当乐观词频大于悲观词频时，认为调研信息为"乐观消息"，否则为"悲观消息"。其次，本章计算了公司年末机构持股比例与同期变化，当调研信息为"乐观（悲观）消息"且持股比例正（负）向变化时，定义机构投资者调研信息获取与投资决策的一致性行为（$ZXHY_1$）为1，否则为0。如果持股机构在一年内多次获得调研信息，本章选取在当期最后一次获取的调研信息为准。

（2）盈余管理的定义。

德乔（Dechow）等人1995年认为，经过横截面修正的 Jones 模型能更好地度量盈余管理。因此，本研究主要使用如模型（6-1）所示的修正的 Jones 模型来估计企业盈余管理。

$$\frac{TA_{i,\,t}}{A_{i,\,t-1}} = \beta_0 \frac{1}{A_{i,\,t-1}} + \beta_1 \frac{\Delta REV_{i,\,t} - \Delta REC_{i,\,t}}{A_{i,\,t-1}} + \beta_2 \frac{PPE_{i,\,t}}{A_{i,\,t-1}} + \varepsilon_{i,\,t} \quad (6-1)$$

其中，$TA_{i,\,t}$ 为公司 i 第 t 年的总应计利润，$A_{i,\,t-1}$ 是公司 i 第 $t-1$ 年末总资产总额，$\Delta REV_{i,\,t}$ 为公司 i 第 t 年的营业收入增长额，$\Delta REC_{i,\,t}$ 为公司 i 第 t 年的应收账款增长额，$PPE_{i,\,t}$ 为公司 i 第 t 年的固定资产。为了避免单一模型导致计量上的缺陷，本章还使用了 DD 模型，及 McNicholes 模型来分别估计公司的总应计利润，具体见模型（6-2）和模型（6-3）。

$$\frac{TA_{i,\,t}}{A_{i,\,t-1}} = \beta_0 \frac{1}{A_{i,\,t-1}} + \beta_1 \frac{CFO_{i,\,t}}{A_{i,\,t-1}} + \beta_2 \frac{CFO_{i,\,t}}{A_{i,\,t-1}} + \beta_3 \frac{CFO_{i,\,t+1}}{A_{i,\,t-1}} + \varepsilon_{i,\,t} \quad (6-2)$$

$$\frac{TA_{i,\,t}}{A_{i,\,t-1}} = \beta_0 \frac{1}{A_{i,\,t-1}} + \beta_1 \frac{CFO_{i,\,t}}{A_{i,\,t-1}} + \beta_2 \frac{CFO_{i,\,t}}{A_{i,\,t-1}} + \beta_a \frac{CFO_{i,\,t+1}}{A_{i,\,t-1}}$$

$$+ \beta_4 \frac{\Delta REV_{i,\,t} - \Delta REC_{i,\,t}}{A_{i,\,t-1}} + \beta_5 \frac{PPE_{i,\,t}}{A_{i,\,t-1}} + \varepsilon_{i,\,t} \quad (6-3)$$

其中，$CFO_{i,\,t}$ 表示公司 i 在 t 期的经营活动现金流净额。同时，本章分别将模型（6-1）、模型（6-2）、模型（6-3）分年度和行业进行回归后得到的残差定义为 $DA_{i,t}$，即第 i 个公司第 t 年的可操控性应计利润；由于在回归分析中，相比于盈余调整的方向，本章关注的是盈余管理的程度，因此，本章对估计得到的可操控性应计利润 DA 取绝对值，用 $|DA|$ 度量盈余管理水平。

6.3.2 实证模型

为了检验机构投资者调研信息获取与投资决策的一致性行为对盈余管

理的影响，本章构建了具体模型如模型（6-4）所示。

$$|DA|_{i,t} = \beta_0 + \beta_1 ZXHY_{1i,t} + \beta_2 ROE_{i,t} + \beta_3 Lev_{i,t} + \beta_4 BM_{i,t}$$
$$+ \beta_5 Dual_{i,t} + \beta_6 First_{i,t} + \beta_7 Age_{i,t} + \beta_8 Big4_{i,t} + \varepsilon \quad (6-4)$$

其中，$|DA|$ 表示公司盈余管理水平，盈余管理分别为由 Jones 模型、DD 模型及 McNicholes 模型计算得到，$ZXHY_1$ 表示机构投资者调研信息获取与投资决策的一致性行为。根据已有的文献如 2016 年赵龙凯等人和孙健等人的研究，本章控制了对盈余管理有显著影响的因素，包括净资产收益率（ROE）、资产负债率（Lev）、账面市值比（BM）、两职合一属性（$Dual$）、大股东持股（$First$）、公司年龄（Age）及年报是否由四大会计师事务所审计（$Big4$）。

为验证假设 6-2，本章将研究样本分为了国有上市公司和非国有上市公司样本。为验证假设 6-3，本章按照上市公司总资产的自然对数的中值，将研究样本分为了规模较大上市公司样本和规模较小公司样本，其中，上市公司总资产规模大于中位数的为规模较大公司，小于中位数的为规模较小的公司。为验证假设 6-4a，参考王珊 2017 年的研究，本章根据深交所和上交所对上市公司信息透明度的考核结果，将考核结果为"优秀"的上市公司作为信息环境较好的样本，考核结果为"不合格""合格""良好"的上市公司作为信息环境较差的样本；为验证假设 6-4b，本章采用了樊纲 2011 年的《中国市场化指数——各地区市场化相对进程》中构建的数据，但是该数据是更新至 2011 年，2011 年后的数据缺失，因此本章采用俞红海等人 2010 年、马连福等人 2015 年的方法，填补了 2011 年后缺失的数据。木章以历年市场化指数为依据，外推 2010 年至 2018 年的市场法律环境评分，当公司所在地区的法律环境评分大于当年所有地区法律环境评分的均值时，其为法律环境较好的样本，反之则为法律环境较差的样本。

本章涉及的变量的具体定义如表 6-1 所示。

表 6-1　变量的定义

变量符号	变量名称	变量度量标准
$ZXHY_1$	机构投资者调研信息获取与投资决策的一致性行为	当持股机构获取的调研信息为"乐观（悲观）消息"且机构持股比例正（负）向变化时，设置为 1，否则为 0
$|DA|_{Jones}$	盈余管理的绝对值	由修正 Jones 模型得到的应计盈余管理绝对值

表6-1(续)

变量符号	变量名称	变量度量标准
$\|DA\|_{DD}$	盈余管理的绝对值	由 DD 模型得到的应计盈余管理绝对值
$\|DA\|_{McNicholes}$	盈余管理的绝对值	由 McNicholes 模型得到的应计盈余管理绝对值
REM	真实盈余管理	由 Roychowdhury 模型得到的真实盈余管理
ROE	净资产收益率	上市公司年度净资产报酬率,即 $\dfrac{净利润}{股东权益}$
Lev	资产负债率	上市公司年度资产负债率,即 $\dfrac{当期总负债}{总资产}$
BM	账面市值比	上市公司账面市值比,即 $\dfrac{总市值}{股东权益}$
$Dual$	两职合一	如果董事长与总经理是同一人为1,否则为0
$First$	大股东持股	第一大股东持股的比例
Age	公司年龄	样本年度-公司成立年份
$Big4$	是否四大审计	如果公司年报由四大会计事师务所审计为1,否则为0

6.4 实证结果

6.4.1 描述性统计

表6-2 为各研究变量的描述性统计。$ZXHY_1$ 的均值为 0.156,表明 15.6%的持股机构做到调研信息获取与投资决策的一致性行为。$\|DA\|_{Jones}$、$\|DA\|_{DD}$ 和 $\|DA\|_{McNicholes}$ 的均值分别为 0.056、0.092 以及 0.044,其中利用修正 Jones 模型计算出的应计盈余管理的均值与余(Yu)2008 年研究得出的水平差异不大;真实盈余管理 REM 的均值为 0.147,真实盈余管理的幅度要略高于应计盈余管理。公司盈利能力(ROE)的均值为 0.071,资产负债率(Lev)的均值为 0.372,平均有 0.197 的样本公司是两职合一的,

平均有 0.053 的样本公司聘请了四大会计师事务所进行审计。

表 6-2　各研究变量的描述性统计

变量	平均值	中位数	标准差	最小值	最大值	样本量
$ZXHY_1$	0.156	0	0.363	0	1	13 754
$\lvert DA \rvert_{Jones}$	0.056	0.041	0.051	0	0.304	13 754
$\lvert DA \rvert_{DD}$	0.092	0.049	0.261	0	15.741	13 754
$\lvert DA \rvert_{McNicholes}$	0.044	0.032	0.046	0	0.633	13 754
REM	0.147	0.101	0.173	0	7.128	13 754
ROE	0.071	0.070	0.108	-0.730	0.389	13 754
Lev	0.372	0.361	0.168	0.050	0.816	13 754
BM	0.985	0.715	0.835	0.103	5.378	13 754
$Dual$	0.197	0	0.398	0	1	13 754
$First$	35.750	34.110	14.425	9.110	75.920	13 754
Age	15.648	16.000	5.003	5.000	28.000	13 754
$Big4$	0.053	0	0.225	0	1	13 754

6.4.2　回归结果分析

表 6-3 为一致性行为与盈余管理，分别报告了机构投资者调研信息获取与投资决策的一致性行为与采用了修正 Jones 模型、DD 模型及 McNicols 模型估计应计盈余管理的回归结果。其中，主要解释变量 $ZXHY_1$ 为机构投资者根据调研信息进行投资决策行为的变量，即一致性行为的变量，在控制了上市公司特征、董事会特征及四大会计师事务所审计等控制变量后，$ZXHY_1$ 系数显著为负，说明机构投资者调研信息获取与投资决策的一致性行为，能抑制上市公司的应计盈余管理。因此，本章提出的假设 6-1 得到验证。此外，控制变量中，资产负债率（Lev）和修正 Jones 模型和 McNicols 模型下的应计盈余管理显著正相关，这也表明了上市公司杠杆率越高，盈余管理越多。

表 6-3　一致性行为与盈余管理

变量	(1) $\lvert DA \rvert_{Jones}$	(2) $\lvert DA \rvert_{DD}$	(3) $\lvert DA \rvert_{McNicholes}$
$ZXHY_1$	-0.362 *** (-3.059)	-1.213 ** (-1.968)	-0.417 *** (-3.892)
ROE	-0.097 (-0.239)	3.098 (1.471)	-2.391 *** (-6.529)
Lev	3.646 *** (12.637)	0.958 (0.639)	0.893 *** (3.425)
BM	-0.486 *** (-8.215)	-0.153 (-0.499)	-0.667 *** (-12.467)
Dual	-0.156 (-1.432)	-0.709 (-1.253)	0.038 (0.382)
First	0.003 (0.966)	0.040 ** (2.502)	-0.002 (-0.714)
Age	-0.003 (-0.315)	0.081 * (1.749)	-0.021 ** (-2.553)
Big4	-0.476 ** (-2.457)	-2.519 ** (-2.502)	0.026 (0.147)
Constant	5.380 ** (2.386)	2.786 (0.238)	2.808 (1.377)
Industry	YES	YES	YES
Year	YES	YES	YES
$Adj\text{-}R^2$	0.026	0.013	0.022
N	13 754	13 754	13 754

注: ***, **, * , 分别表示在 1%, 5% 和 10% 水平上显著, 下同。

（1）公司性质的影响。

前文已经验证了机构投资者调研信息获取与投资决策的一致性行为能够抑制上市公司的盈余管理, 本章基于公司异质性的角度, 进一步考察上市公司所有权性质对机构投资者调研信息获取与投资决策的一致性行为和盈余管理的影响。本章将研究样本分为国有上市公司和非国有上市公司, 检验机构投资者调研信息获取与投资决策的一致性行为对盈余管理的抑制作用。表 6-4 为公司性质的影响, 反映了按所有权性质分组后的回归结果。表中第 1 列到第 3 列为非国有上市公司样本组的回归结果，机构投资者调研信息获取与投资决策的一致性行为与上市公司应计盈余管理显著负相关；而在第 4 列到第 6 列国有上市公司样本中，机构投资者调研信息获取与投资决策的一致性行为与应计盈余管理的相关显著性不高，表明机构投资者调研信息获取与投资决策的一致性行为能显著降低非国有上市公司的盈余管理，而对国有上市公司的治理作用不大。由此，假设 6-2 得到验证。

表 6-4　公司性质的影响

变量	非国有上市公司			国有上市公司		
	（1）	（2）	（3）	（4）	（5）	（6）
	$\|DA\|_{Jones}$	$\|DA\|_{DD}$	$\|DA\|_{McNicholes}$	$\|DA\|_{Jones}$	$\|DA\|_{DD}$	$\|DA\|_{McNicholes}$
$ZXHY_1$	−0.455*** (−2.856)	−1.471** (−2.036)	−0.609*** (−4.328)	−0.345* (−1.877)	−1.597 (−1.491)	−0.194 (−1.141)
ROE	−1.094 (−1.635)	2.670 (0.880)	−0.957 (−1.618)	0.468 (0.926)	2.383 (0.809)	−3.425*** (−7.323)
Lev	3.424*** (7.606)	−0.492 (−0.241)	0.867** (2.178)	3.834*** (9.996)	2.661 (1.190)	1.05*** (2.958)
BM	−0.399*** (−3.524)	−0.231 (−0.450)	−0.820*** (−8.182)	−0.453*** (−6.478)	0.261 (0.641)	−0.612*** (−9.459)
Dual	−0.066 (−0.470)	0.242 (0.379)	0.093 (0.750)	−0.073 (−0.381)	−1.275 (−1.143)	0.020 (0.111)
First	0.009* (1.765)	0.064*** (2.912)	0.004 (−0.110)	0.003 (0.835)	0.042* (1.746)	−0.001 (−0.352)
Age	−0.001 (−0.108)	0.178*** (3.049)	−0.034*** (−2.995)	0.004 (0.305)	0.080 (1.065)	−0.009 (−0.793)
Big4	−0.568 (−1.572)	−3.388** (−2.067)	0.148 (0.462)	−0.386* (−1.709)	−1.817 (−1.381)	−0.055 (−0.262)
Constant	9.371* (1.794)	−3.440 (−0.145)	1.737 (0.376)	4.116* (1.681)	5.073 (0.355)	2.792 (1.232)
Industry	YES	YES	YES	YES	YES	YES
Year	YES	YES	YES	YES	YES	YES
Adj-R^2	0.020	0.013	0.018	0.032	0.013	0.026
N	6 555	6 555	6 555	7 199	7 199	7 199

（2）公司规模的影响。

前文已经从上市公司所有权性质角度分析了机构投资者调研信息获取与投资决策的一致性行为对盈余管理的影响，接下来的内容将从上市公司规模角度来考察机构投资者的一致性行为对上市公司盈余管理的影响。本章按照上市公司总资产自然对数的中位数，将研究样本分为规模较大的上市公司和规模较小的上市公司。表 6-5 第 1 列到第 3 列为规模较小样本的上市公司的回归结果，第 4 列到第 6 列为规模较大样本的上市公司的回归结果。其中较小规模样本组的结果显示，机构投资者调研信息获取与投资决策的一致性行为与上市公司盈余管理显著负相关，而在规模较大的上市公司样本中，机构投资者调研信息获取与投资决策的一致性行为与盈余管理的相关性不显著，表明机构投资者调研信息获取与投资决策的一致性行为能够显著抑制较小规模上市公司的盈余管理活动，但不能抑制大公司的盈余管理。因此，假设 6-3 得到验证。

表 6-5 公司规模的影响

变量	规模较小			规模较大		
	(1)	(2)	(3)	(4)	(5)	(6)
	$\lvert DA \rvert_{Jones}$	$\lvert DA \rvert_{DD}$	$\lvert DA \rvert_{McNicholes}$	$\lvert DA \rvert_{Jones}$	$\lvert DA \rvert_{DD}$	$\lvert DA \rvert_{McNicholes}$
$ZXHY_1$	−0.616*** (−3.522)	−2.086** (−2.536)	−0.811*** (−4.925)	−0.095 (−0.586)	−0.403 (−0.439)	−0.053 (−0.380)
ROE	−2.003*** (−3.336)	4.322 (1.530)	−4.993*** (−8.827)	1.939*** (3.441)	1.523 (0.475)	−0.056 (−0.116)
Lev	4.239*** (10.291)	1.048 (0.541)	1.951*** (5.026)	2.666*** (6.268)	0.782 (0.323)	−0.317 (−0.868)
BM	−0.737*** (−4.589)	−0.978 (−1.294)	−1.252*** (−8.278)	−0.262*** (−3.692)	0.045 (0.112)	−0.480*** (−7.865)
Dual	0.038 (0.262)	−0.720 (−1.051)	0.261* (1.906)	−0.386** (−2.331)	−0.593 (−0.629)	−0.224 (−1.577)
First	0.010** (2.052)	0.029 (1.342)	0.003 (−0.025)	0.004 (−0.111)	0.050** (2.115)	−0.003 (−0.711)
Age	0.004 (0.317)	0.058 (0.942)	−0.034*** (−2.805)	−0.007 (−0.577)	0.146** (1.992)	−0.016 (−1.461)
Big4	−0.122 (−0.187)	0.463 (0.150)	−0.354 (−0.574)	−0.46** (−2.269)	−2.482** (−2.152)	−0.016 (−0.094)

表6-5(续)

变量	规模较小			规模较大		
	（1）	（2）	（3）	（4）	（5）	（6）
	$\mid DA \mid_{Jones}$	$\mid DA \mid_{DD}$	$\mid DA \mid_{McNicholes}$	$\mid DA \mid_{Jones}$	$\mid DA \mid_{DD}$	$\mid DA \mid_{McNicholes}$
Constant	5.812 （1.603）	0.821 （0.048）	4.765 （1.395）	5.192* （1.808）	4.490 （0.275）	1.790 （0.725）
Industry	YES	YES	YES	YES	YES	YES
Year	YES	YES	YES	YES	YES	YES
Adj-R^2	0.027	0.016	0.029	0.030	0.014	0.019
N	6 877	6 877	6 877	6 877	6 877	6 877

（3）公司外部环境的影响。

机构投资者调研信息获取与投资决策的一致性行为对盈余管理的影响因素除了上述的上市公司所有权性质和规模等公司性质，上市公司外部环境，例如，公司的信息环境和公司的法律环境也会对机构投资者调研信息获取与投资决策的一致性行为的治理作用产生不同的影响。本章按照深交所信息披露的考核结果，将研究样本分为信息环境较差样本和信息环境较好样本，表6-6第1列到第3列为信息环境较差的上市公司，机构投资者调研信息获取与投资决策的一致性行为对盈余管理的回归结果显示，$ZXHY_1$的系数与应计盈余管理显著为负；而在表6-6第4列到第6列为信息环境较好的上市公司，$ZXHY_1$的系数在三种估计模型下均不显著。这表明，当上市公司信息环境较差时，机构投资者调研信息获取与投资决策一致性行为能弥补较差的信息环境造成的不足，从而抑制管理层的盈余活动。因此，假设6-4a得到验证。

同时，本章也利用樊刚于2011年发表的《中国市场化指数——各地区市场化相对进程》一文中的数据，以及参照马连福等人2015年的方法外推了市场环境法律评分，并将研究样本分为法律环境较好和法律环境较差的样本，表6-7为公司法律环境的影响，反映了不同法律环境下，机构投资者调研信息获取与投资决策的一致性行为对盈余管理分样本的回归结果。其中，从表6-7第1列到第3列可以看出，在法律环境较差的样本组中，机构投资者调研信息获取与投资决策的一致性行为与应计盈余管理显著负相关；而在第4列到第6列法律环境较好的样本中，机构投资者调研信息获取与投资决策的一致性行为与应计盈余管理的相关性不显著。以上结果表明在法律环境较差的地区，机构投资者调研信息获取与投资决策的一致性行为发挥了外部治理的作用，抑制了上市公司管理层的盈余管理行为。由此，假设 6-4b 得到验证。

表 6-6　公司信息环境的影响

变量	信息环境较差			信息环境较好		
	（1）	（2）	（3）	（4）	（5）	（6）
	$\lvert DA \rvert_{Jones}$	$\lvert DA \rvert_{DD}$	$\lvert DA \rvert_{McNicholes}$	$\lvert DA \rvert_{Jones}$	$\lvert DA \rvert_{DD}$	$\lvert DA \rvert_{McNicholes}$
$ZXHY_1$	−0.293** (−2.168)	−1.177* (−1.651)	−0.407*** (−3.318)	−0.155 (−0.630)	−0.233 (−0.328)	−0.326 (−1.610)
ROE	−0.594 (−1.405)	2.664 (1.173)	−3.332*** (−8.674)	13.641*** (7.851)	18.212*** (3.640)	18.207*** (12.732)
Lev	3.326*** (10.829)	0.429 (0.260)	0.785*** (2.815)	4.386*** (5.009)	1.073 (0.426)	−0.157 (−0.218)
BM	−0.491*** (−7.822)	−0.055 (−0.164)	−0.646*** (−11.326)	−0.024 (−0.123)	0.369 (0.655)	−0.353** (−2.195)
Dual	−0.178 (−1.512)	−1.039 (−1.639)	−0.002 (−0.018)	−0.036 (−0.130)	0.765 (0.967)	0.372* (1.645)
First	0.005 (1.372)	0.044** (2.517)	−0.001 (−0.388)	−0.006 (−0.682)	0.005 (0.213)	−0.010 (−1.406)
Age	−0.006 (0.610)	0.103** (1.990)	−0.021** (−2.378)	0.024 (0.956)	0.024 (0.337)	0.004 (0.192)
Big4	−0.538** (−2.543)	−2.461** (−2.168)	−0.064 (−0.334)	−0.227 (−0.481)	−2.236* (−1.645)	0.006 (0.014)
Constant	4.564* (1.793)	5.711 (0.418)	3.121 (1.350)	7.236 (1.609)	−3.320 (−0.256)	−1.348 (−0.364)
Industry	YES	YES	YES	YES	YES	YES
Year	YES	YES	YES	YES	YES	YES
$Adj\text{-}R^2$	0.025	0.013	0.024	0.080	0.033	0.141
N	12 337	12 337	12 337	1 417	1 417	1 417

表 6-7 公司法律环境的影响

变量	法律环境较差			法律环境较好		
	（1）	（2）	（3）	（4）	（5）	（6）
	$\lvert DA \rvert_{Jones}$	$\lvert DA \rvert_{DD}$	$\lvert DA \rvert_{McNicholes}$	$\lvert DA \rvert_{Jones}$	$\lvert DA \rvert_{DD}$	$\lvert DA \rvert_{McNicholes}$
$ZXHY_1$	−0.435** (−2.323)	−2.058** (−2.313)	−0.450*** (−2.672)	−0.178 (−1.151)	−0.439 (−0.502)	−0.341** (−2.413)
ROE	1.312** (2.372)	6.920*** (2.637)	−1.869*** (−3.764)	−1.009 (−1.588)	−0.672 (−0.188)	−2.495*** (−4.31)
Lev	−0.341*** (−4.690)	−0.850** (−2.462)	−0.216*** (−3.310)	−0.146** (−2.079)	0.302 (0.762)	−0.090 (−1.408)
BM	3.446*** (8.446)	2.602 (1.344)	0.257 (0.700)	3.762*** (9.075)	−1.231 (−0.527)	1.584*** (4.194)
Dual	−0.353*** (−3.892)	0.093 (0.216)	−0.519*** (−6.377)	−0.212* (−1.900)	0.695 (1.106)	−0.661*** (−6.502)
First	−0.315* (−1.863)	−0.679 (−0.847)	−0.027 (−0.180)	−0.106 (−0.732)	−0.916 (−1.128)	0.047 (0.357)
Age	0.012*** (2.620)	0.043** (2.055)	0.005 (1.165)	0.001 (0.232)	0.047* (1.863)	−0.004 (−1.050)
Big4	0.022 (1.587)	0.089 (1.375)	0.010 (0.850)	−0.001 (−0.045)	0.144** (2.060)	−0.036*** (−3.210)
Constant	8.643* (1.655)	15.983 (0.645)	6.929 (1.477)	9.460*** (3.244)	−0.824 (−0.050)	4.671* (1.758)
Industry	YES	YES	YES	YES	YES	YES
Year	YES	YES	YES	YES	YES	YES
$Adj\text{-}R^2$	0.032	0.022	0.026	0.024	0.009	0.020
N	6 931	6 931	6 931	6 823	6 823	6 823

6.4.3 进一步分析

上述分析主要探究了机构投资者调研信息获取与投资决策的一致性行为对应计盈余管理的影响。此外，与蔡春 2011 年提出的观点一致，由于监管环境的变化，近年来管理层的盈余管理活动不再局限于会计账目上的调整，他们更愿意通过操纵真实活动来进行盈余管理。同时，众多学者认为，真实的盈余管理已经成了企业盈余管理的主要方式。因此，本书进一步分析了机构投资者调研信息获取与投资决策的一致性行为对真实盈余管理的影响。本章采用罗伊乔杜里（Roychowdhury）2006 年、科恩（Cohen）和扎罗文（Zarowin）2010 年的方法，利用异常产品成本（PRODEM）、经营活动的异常现金流（CFOEM）及异常费用（DISXEM）之和来计算真实盈余管理，见模型（6-5）、模型（6-6）、模型（6-7）。

$$\frac{PROD_{i,\,t}}{A_{i,\,t-1}} = \beta_0 \frac{1}{A_{i,\,t-1}} + \beta_1 \frac{REV_{i,\,t}}{A_{i,\,t-1}} + \beta_2 \frac{\Delta REV_{i,\,t}}{A_{i,\,t-1}} + \beta_3 \frac{\Delta REV_{i,\,t-1}}{A_{i,\,t-1}} + \varepsilon_{i,\,t}$$

$$(6-5)$$

$$\frac{CFO_{i,\,t}}{A_{i,\,t-1}} = \beta_0 \frac{1}{A_{i,\,t-1}} + \beta_1 \frac{REV_{i,\,t}}{A_{i,\,t-1}} + \beta_2 \frac{\Delta REV_{i,\,t}}{A_{i,\,t-1}} + \varepsilon_{i,\,t} \qquad (6-6)$$

$$\frac{DISX_{i,\,t}}{A_{i,\,t-1}} = \beta_0 \frac{1}{A_{i,\,t-1}} + \beta_1 \frac{REV_{i,\,t-1}}{A_{i,\,t-1}} + \varepsilon_{i,\,t} \qquad (6-7)$$

其中，异常产品成本、经营活动的异常现金流及异常费用分别为模型（6-5），模型（6-6），模型（6-7）的残差项，REM 为真实盈余管理。

$$REM_t = PRODEM_t - CFOEM_t - DISXEM_t \qquad (6-8)$$

表 6-8 为一致性行为与真实盈余管理以，给出了在不同公司所有权性质、规模较大和规模较小、信息环境较好和信息环境较差、法律环境较好和法律环境较差的样本中，机构投资者调研信息获取与投资决策的一致性行为对上市公司真实盈余管理影响的回归结果。其中，在非国有样本、规模较小样本、信息环境较差及法律环境较差的样本中，$ZXHY_1$ 的系数显著为负，表明机构投资者调研信息获取与投资决策的一致性行为，能够抑制上市公司管理层真实盈余管理活动，与前文分析的结论一致。

表 6-8 一致性行为与真实盈余管理

变量	(1) 规模较小	(2) 规模较大	(3) 非国有	(4) 国有	(5) 信息 环境差	(6) 信息 环境好	(7) 法律 环境差	(8) 法律 环境好
$ZXHY_1$	-1.483*** (-2.71)	-0.279 (-0.478)	-1.642** (-2.103)	-0.055 (-0.101)	-0.800* (-1.748)	0.190 (0.242)	-1.337** (-2.319)	-0.295 (-0.524)
ROE	21.634*** (11.511)	18.898*** (9.292)	32.298*** (13.131)	12.426*** (8.255)	18.094*** (12.64)	73.569*** (13.244)	18.292*** (10.951)	23.958*** (10.731)
Lev	7.747*** (6.008)	6.023*** (3.922)	5.164*** (3.119)	8.640*** (7.564)	6.566*** (6.317)	4.435 (1.584)	8.755*** (6.946)	4.169*** (2.772)
BM	-3.128*** (-6.222)	-1.404*** (-5.478)	-2.299*** (-5.514)	-1.160*** (-5.573)	-1.410*** (-6.634)	-2.341*** (-3.746)	-2.007*** (-8.499)	-0.981*** (-2.787)
$Dual$	-0.889* (-1.951)	-2.718*** (-4.549)	-1.634*** (-3.150)	-0.709 (-1.245)	-1.868*** (-4.679)	-0.154 (-0.175)	-2.937*** (-5.620)	-0.918* (-1.752)
$First$	0.049*** (3.372)	0.011 (0.721)	0.044** (2.486)	0.026** (2.106)	0.024** (2.154)	0.045* (1.654)	0.034** (2.560)	0.022 (1.391)
Age	-0.089** (-2.179)	-0.007 (-0.143)	-0.011 (-0.235)	-0.038 (-0.996)	-0.025 (-0.775)	-0.062 (-0.792)	0.0 (0.004)	-0.071 (-1.595)

表6-8(续)

变量	(1) 规模较小	(2) 规模较大	(3) 非国有	(4) 国有	(5) 信息环境差	(6) 信息环境好	(7) 法律环境差	(8) 法律环境好
$Big4$	5.841*** (2.850)	-0.125 (-0.170)	3.332** (2.509)	-0.823 (-1.225)	0.132 (0.184)	0.399 (0.265)	-1.017 (-1.026)	1.158 (1.29)
$Constant$	2.618 (0.231)	15.375 (1.483)	11.513 (0.599)	7.571 (1.038)	10.372 (1.204)	2.022 (0.141)	8.164 (0.528)	9.797 (1.064)
$Industry$	YES	YES	YES	YES	YES	YES	YES	YES
$Year$	YES	YES	YES	YES	YES	YES	YES	YES
$Adj\text{-}R^2$	0.053	0.068	0.056	0.071	0.051	0.194	0.074	0.048
N	6 877	6 877	6 555	7 199	12 337	1 417	6 869	6 885

6.4.4 稳健性检验

（1）内生性问题。

本章研究可能受到内生性问题带来的干扰，参考格罗夫斯（Groves）等人 1994 年、叶建芳等人 2009 年及拉马林格达（Ramalingegowda）等人 2012 年的方法，采用 $ZXHY_1$ 的二阶滞后项作为工具变量，采用二阶段最小二乘法（2SLS）来尽可能控制内生性问题。因为作为内生解释变量，$ZXHY_1$ 与其滞后变量相关，但滞后的 $ZXHY_1$ 是已经发生的变量，从当期角度看，其取值为固定值，与扰动项不相关，这符合工具变量的特征条件。在 2SLS 的第一阶段，本章使用工具变量 $ZXHY_1$ 进行回归，回归模型包括控制变量及行业和年度虚拟变量。在第二阶段中，本章以第一阶段的拟合值作为解释变量，对公司盈余管理进行回归。

此外，本章也采用了上市公司所在城市作为工具变量来刻画机构投资者的一致性行为。位于不同城市的上市公司，可能会因为交通的便利程度不同而影响机构投资者的行为，但公司所在地不太可能受到公司盈余管理的影响，因此，参考程小可等人 2017 年的方法，本章选取被调研上市公司所在地是否位于一线城市（北京、上海、广州、深圳）作为工具变量（City）[①]；采用 2SLS 对模型（6-4）进行检验。

表 6-9 稳健性检验：内生性 1，其第 1 列为以 $ZXHY_1$ 的二阶滞后项作为工具变量时，2SLS 的第一阶段的回归结果，工具变量与 $ZXHY_1$ 显著正相关；表 6-9 第 2、3、4 列为 2SLS 第二阶段的回归结果，$ZXHY_1$ 的系数与应计盈余管理在 1% 水平上显著负相关。表 6-10 的第 1 列为以 City 为工具变量时，2SLS 的第一阶段的回归结果，工具变量与 $ZXHY_1$ 显著正相关，在第二阶段回归结果中，$ZXHY_1$ 的系数与应计盈余管理在 1% 水平上显著负相关。以上结论表明在采用工具变量控制内生性影响后，检验结果与主检验一致，证明本章研究结果稳健。

---

① 一线城市是根据仲量联行《中国城市 60 强》划分的。

表 6-9　稳健性检验：内生性 1

变量	2SLS（1）		2SLS（2）	
	（1）	（2）	（3）	（4）
	$ZXHY_1$	$\lvert DA \rvert_{Jones}$	$\lvert DA \rvert_{DD}$	$\lvert DA \rvert_{McNicholes}$
$ZXHY_{1fit}$		−3.038 *** (−6.828)	−8.811 *** (−3.451)	−1.948 *** (−4.721)
$Tool$	0.179 *** (18.873)			
ROE	0.097 *** (2.648)	1.430 *** (2.641)	7.286 ** (2.345)	0.796 (1.586)
Lev	−0.112 *** (−4.601)	3.379 *** (9.134)	0.880 (0.415)	0.458 (1.335)
BM	0.007 (1.322)	−0.445 *** (−5.766)	0.528 (1.193)	−0.718 *** (−10.031)
$Dual$	0.030 *** (3.217)	0.424 *** (3.055)	0.966 (1.211)	0.172 (1.333)
$First$	−0.001 *** (−3.052)	0.005 (1.217)	0.036 * (1.654)	0.003 (−0.019)
Age	−0.007 *** (−8.463)	0.005 (0.415)	−0.017 (−0.237)	−0.011 (−0.981)
$Big4$	−0.023 (−1.401)	−0.375 (−1.546)	−3.221 ** (−2.315)	−0.098 (−0.435)
$Constant$	0.234 (0.706)	1.829 (0.371)	0.506 (0.018)	5.343 (1.170)
$Industry$	YES	YES	YES	YES
$Year$	YES	YES	YES	YES
$Adj-R^2$	0.143	0.035	0.018	0.025
N	8 956	8 956	8 956	8 956

表 6-10　稳健性检验：内生性 2

变量	2SLS（1）		2SLS（2）	
	（1）	（2）	（3）	（4）
	$ZXHY_1$	$|DA|_{Jones}$	$|DA|_{DD}$	$|DA|_{McNicholes}$
$ZXHY_{1fit}$		-4.098*** (-9.121)	-2.506 (-1.069)	-3.652*** (-8.996)
City	0.014* (1.839)			
ROE	0.182*** (6.402)	0.305 (0.751)	3.169 (1.495)	-2.015*** (-5.486)
Lev	-0.081*** (-4.003)	2.914*** (9.78)	0.213 (0.137)	0.251 (0.933)
BM	0.001 (0.291)	-0.458*** (-7.712)	-0.012 (-0.04)	-0.656*** (-12.225)
Dual	0.032*** (4.257)	0.398*** (3.566)	0.945 (1.625)	0.175* (1.742)
First	-0.001*** (-5.367)	-0.000 (-0.121)	0.038** (2.378)	-0.005* (-1.752)
Age	-0.009*** (-12.743)	-0.001 (-0.067)	0.128*** (2.67)	-0.016* (-1.91)
Big4	-0.015 (-1.088)	-0.440** (-2.28)	-2.368** (-2.351)	0.039 (0.224)
Constant	0.583*** (3.725)	7.270*** (3.229)	4.026 (0.343)	4.732** (2.326)
Industry	YES	YES	YES	YES
Year	YES	YES	YES	YES
$Adj\text{-}R^2$	0.086	0.032	0.014	0.029
N	13 754	13 754	13 754	13 754

（2）控制影响盈余管理的变量。

张荣武和刘文秀在 2008 年提出，上市公司高管的过度自信在一定程度上会影响企业盈余管理水平。因此，本章参考余明桂等人 2013 年的研究，以高管特征作为管理者过度自信的代理变量，在控制高管团队学历（Manageredu）、高管团队持股（Managershares）、高管团队年龄（Managereage）

及高管团队女性占比（*Manafemale*）后，检验了机构投资者调研信息获取与投资决策的一致性行为与盈余管理水平的关系。我们通过表 6-11 的结果发现，在控制高管过度自信后，机构投资者调研信息获取与投资决策的一致性行为与盈余管理仍显著负相关，与主检验结果一致。

表 6-11　稳健性检验：控制高管过度自信变量

变量	(1) $\|DA\|_{Jones}$	(2) $\|DA\|_{DD}$	(3) $\|DA\|_{McNicholes}$
$ZXHY_1$	-0.243 ** (-1.996)	-1.119 * (-1.730)	-0.324 *** (-2.974)
Manageredu	0.003 (0.041)	-0.072 (-0.170)	0.018 (0.254)
Managershares	-0.014 * (-1.836)	0.000 (0.011)	-0.007 (-1.095)
Manaage	-0.124 *** (-9.421)	-0.307 *** (-4.405)	-0.076 *** (-6.504)
Manafemale	0.042 (0.106)	4.287 ** (2.046)	-0.020 (-0.057)
ROE	0.032 (0.074)	3.124 (1.360)	-2.560 *** (-6.626)
Lev	3.489 *** (11.487)	0.251 (0.155)	0.940 *** (3.461)
BM	-0.424 *** (-6.649)	0.197 (0.582)	-0.677 *** (-11.895)
Dual	0.152 (1.337)	0.769 (1.275)	-0.022 (-0.220)
First	0.002 (0.694)	0.04 ** (2.266)	-0.005 * (-1.801)
Age	0.003 (0.356)	0.132 *** (2.588)	-0.017 ** (-1.984)
*Big*4	-0.294 (-1.419)	-1.598 (-1.449)	0.329 * (1.772)
Constant	13.225 *** (4.499)	13.493 (0.863)	7.355 *** (2.798)
Industry	YES	YES	YES

表6-11(续)

变量	(1)	(2)	(3)
	$|DA|_{Jones}$	$|DA|_{DD}$	$|DA|_{McNicholes}$
$Year$	YES	YES	YES
Adj-R^2	0.033	0.014	0.026
N	12 319	12 319	12 319

（3）Fama-Macbeth 回归。

本章进一步使用不同方法检验了机构投资者调研信息获取与投资决策的一致性行为对企业盈余管理的影响。本章基于法玛（Fama）和麦克佩斯（Macbeth）1973 年的二阶段回归对主要结论进行检验，如表 6-12 所示，通过年度横截面的回归分析，计算了 $ZXHY_1$ 系数均值和 t 统计量。结果显示机构投资者调研信息获取与投资决策的一致性行为与盈余管理仍显著负相关，与采用 OLS 进行回归的结论一致。

表 6-12　稳健性检验：Fama-Macbeth 回归

变量	(1)	(2)	(3)
	$|DA|_{Jones}$	$|DA|_{DD}$	$|DA|_{McNicholes}$
$ZXHY_1$	−0.186 * (−2.165)	−0.604 *** (−5.617)	−0.172 ** (−2.596)
ROE	−0.776 (−1.77)	2.982 * (2.043)	−3.336 *** (−7.642)
Lev	3.542 *** (22.031)	4.894 ** (2.444)	0.675 *** (3.627)
BM	−0.480 *** (−12.017)	0.030 (0.058)	−0.752 *** (−32.820)
$Dual$	0.206 *** (4.721)	0.875 * (2.058)	−0.106 * (−1.872)
$First$	−0.005 (−0.019)	−0.007 (−0.395)	−0.003 *** (−4.526)
Age	0.037 *** (4.714)	0.091 (1.097)	0.025 ** (2.614)
$Big4$	−0.663 *** (−5.114)	−2.978 ** (−2.653)	0.069 (0.788)

表6-12(续)

变量	(1) $\lvert DA \rvert_{Jones}$	(2) $\lvert DA \rvert_{DD}$	(3) $\lvert DA \rvert_{McNicholes}$
Constant	3.961 *** (18.320)	5.440 ** (2.351)	4.712 *** (37.645)
Industry	YES	YES	YES
Year	NO	NO	NO

（4）随机词库。

由于本章采用了已构建的调研信息中的悲观词库和乐观词库来测度 $ZXHY_1$ 变量，因此本章在已构建的悲观词库和乐观词库中，随机抽取80%的词语构建新的词库，并基于新的词库重新计算了 $ZXHY_1$ 变量，对本章主要结论重新进行检验，并且重复该过程9次①，如表6-13所示。结果表明本章研究结果在变换调研信息词库后依然稳健。

表6-13　稳健性检验：随机抽取词库构建新的 $ZXHY_1$

Panel A：随机抽取第1次的结果			
变量	$\lvert DA \rvert_{Jones}$	$\lvert DA \rvert_{DD}$	$\lvert DA \rvert_{McNicholes}$
$ZXHY_1$	-0.347 *** (-2.914)	-1.101 * (-1.780)	-0.398 *** (-3.705)
ROE	-0.096 (-0.238)	3.093 (1.468)	-2.391 *** (-6.527)
Lev	3.651 *** (12.655)	0.984 (0.656)	0.899 *** (3.447)
BM	-0.486 *** (-8.226)	-0.156 (-0.507)	-0.667 *** (-12.482)
Dual	0.153 (1.408)	0.697 (1.232)	-0.041 (-0.413)
First	0.003 (0.966)	0.040 ** (2.505)	-0.002 (-0.715)

---

　　①　由于篇幅有限，本章只列出了其中两次随机抽取词库的结果，其余在附表B的附表6-1～附表6-7中列出。

表6-13(续)

Age	−0.003 (−0.306)	0.081 * (1.757)	−0.020 ** (−2.542)
*Big*4	−0.476 ** (−2.46)	−2.521 ** (−2.504)	0.025 (0.143)
Constant	5.061 ** (2.254)	1.312 (0.112)	2.874 (1.415)
Industry	YES	YES	YES
Year	YES	YES	YES
Adj−R²	0.026	0.012	0.021
N	13 754	13 754	13 754
Panel B：随机抽取第2次的结果			
ZXHY₁	−0.320 *** (−2.692)	−0.893 (−1.444)	−0.361 *** (−3.358)
ROE	−0.102 (−0.252)	3.063 (1.454)	−2.398 *** (−6.546)
Lev	3.654 *** (12.665)	1.015 (0.677)	0.904 *** (3.465)
BM	−0.486 *** (−8.223)	−0.156 (−0.506)	−0.667 *** (−12.477)
Dual	0.152 (1.399)	0.688 (1.215)	−0.042 (−0.427)
First	0.003 (0.970)	0.040 ** (2.515)	−0.002 (0.706)
Age	−0.003 (−0.301)	0.082 * (1.766)	−0.020 ** (−2.533)
*Big*4	−0.476 ** (−2.457)	−2.520 ** (−2.504)	0.026 (0.146)
Constant	5.048 ** (2.248)	1.208 (0.103)	2.856 (1.406)
Industry	YES	YES	YES
Year	YES	YES	YES
Adj−R²	0.025	0.012	0.021
N	13 754	13 754	13 754

6.5　本章小结

本章利用 2010 年至 2018 年中国 A 股上市公司的数据，研究了机构投资者调研信息获取与投资决策的一致性行为对上市公司的盈余管理的影响。本章研究发现，机构投资者调研信息获取与投资决策的一致性行为，能够抑制上市公司管理层的盈余管理活动；此外，本章还发现机构投资者调研信息获取与投资决策的一致性行为对非国有、规模较小、信息环境和法律环境较差的上市公司的盈余管理活动的抑制作用更加明显。同时，本章在控制了内生性、上市公司管理层过度自信，以及通过变换词库重新测度 $ZXHY_1$ 后，机构投资者调研信息获取与投资决策的一致性行为仍能抑制管理层的盈余管理活动。此外，本章也进一步讨论了该行为对管理层真实盈余管理活动的影响，结果仍然是呈负向显著关系。上述结果表明，机构投资者调研信息获取与投资决策的一致性行为对上市公司起到了积极的外部治理作用，有助于提高上市公司的治理水平，机构投资者调研信息获取与投资决策的一致性行为可以作为一种有效的外部治理机制。

本章的贡献：第一，已有的研究机构投资者行为的文献，主要是从管理层与机构投资者持股，投资者保护、机构投资者调研及卖空等角度出发，研究机构投资者行为对盈余管理的影响，较少关注机构投资者根据所获取调研信息进行投资决策的行为对盈余管理的影响。因此，本章丰富了机构投资者行为的相关研究。第二，本章研究表明机构投资者调研信息获取与投资决策的一致性行为约束了经理人的行为，抑制了企业的盈余管理活动。本章区别于已有的关于治理作用的研究，为公司治理提出了新的外部监督机制，补充了公司治理的相关文献。

7 结论、启示、贡献与展望

证券市场在经济发展过程中发挥着至关重要的作用。2000 年，中国证监会提出超常规、创造性地发展机构投资者，使机构投资者得到了迅速发展，逐渐成为我国证券市场的主力军，此外，2015 年至 2016 年，股票注册制的推行使得机构投资者拥有更多的选择权，这倒逼了机构投资者在投资过程中需要保持理性，理性地制定和执行投资决策。

近年来，学者对机构投资者行为的研究方兴未艾，他们主要研究的是机构投资者非理性行为、机构投资者持股行为及机构投资者调研行为的影响；因此，深入研究机构投资者行为加强了机构投资者对非理性行为的防范，有利于提高金融素养，促进科学监督，保证金融市场的稳定。继而，对机构投资者基于调研信息的投资行为的研究有助于理解它们的调研、投资行为，特别是基于文化观念对机构投资者调研、投资行为影响的研究，就显得更具理论价值和现实意义。

7.1 主要研究结论

本书基于行为金融框架，从机构投资者获取调研信息文本及调研后的投资行为入手，研究了机构投资者是否根据获取的调研信息进行投资决策，即是否做到了保持调研信息获取与投资决策的一致性；再从文化的角度，研究影响调研信息获取与投资决策的一致性行为的因素，以及该行为对上市公司盈余管理的影响。在分析机构投资者是否根据调研信息进行投资决策之前，本书在第 3 章基于上市公司所披露的调研信息，分析了机构投资者所获取调研信息的质量及其影响因素；再从调研信息能够预测股票收益率的角度，提出了机构投资者在调研过程中获取的信息是有价值的；第 4 章分析机构投资者是否根据调研信息进行投资决策，即机构投资者能否做到保持调研信息获取与投资决策的一致性；第 5 章探索了影响机构投资者调研信息获取与投资决策的一致性行为的因素；第 6 章基于委托代理理论，探讨了机构投资者调研信息获取与投资决策的一致性行为对上市公司盈余管理的影响，并进一步分析了该行为对具有不同所有权性质、不同规模、不同信息环境和法律环境的上市公司的治理作用的差异。具体的研究结论如下。

"机构投资者调研信息的质量分析及价值检验"这一章，首先采用上市公司披露的调研信息来分析调研信息质量，通过分析调研信息的篇幅及披露间隔时长来度量调研信息质量，并分析了影响调研信息质量的因素，其中机构投资者参与调研上市公司的企业规模、投资价值和实际控制人及所处区域和行业等因素，是影响其获得调研信息质量的主要因素。上市公司规模越小、投资价值越大，所获取的调研信息质量越高。同样，位于发达地区及处于竞争性行业的上市公司，机构投资者所获取的调研信息质量更高；而国有上市公司的调研信息质量低于非国有上市公司的质量。其次，本章利用文本挖掘，构建了调研特质信息内容的测度框架，通过对调研信息预测中国股票收益率的检验，分析了机构投资者在调研过程中所获取调研信息的价值。最后，研究发现：①机构投资者所获取的调研信息的质量受到市场风险的影响；②机构投资者获取的调研信息内容在样本内和样本外均能显著预测下月中国股票市场的超额收益率，并且相较于经济变量具有更好的预测作用，这表明机构投资者在调研过程中所获取的信息是有价值的；③这些调研信息对投资者而言能够产生较大的经济价值，在不同的预测窗口、厌恶系数和不同的资产配置股票权重的限制下，调研信息具有较大的经济价值。以上结论在一系列稳健性检验后依然成立，表明机构投资者获取了有价值的调研信息。

"机构调研信息获取与投资决策的一致性行为分析"这一章，建立了调研信息情绪内容研究框架，通过构建调研信息中的悲观情绪词和乐观情绪词词库，以机构投资者获取调研信息与在调研后的持股行为作为切入点，探讨了参与调研的机构投资者是否根据调研信息进行投资决策，做到调研信息获取与投资决策的一致性行为。研究发现：①以基金公司为代表的机构投资者参与调研能够影响其所管理的基金对被调研上市公司的持股比例；②当参与调研的基金公司获取较悲观（乐观）的信息时，该基金公司旗下基金会减少（增加）持股比例，即机构投资者（基金公司）能够根据所获取的调研信息进行投资决策，做到保持调研信息获取与投资决策的一致性。以上结果在通过变换实证检验方法，改变解释变量和被解释变量的测度方法进行稳健性检验后，依然成立，证实了机构投资者能做到调研信息获取与投资决策的一致性行为。

基于第 4 章的结论，"机构调研信息获取与投资决策一致性行为的影响因素研究"这一章，继续研究影响机构投资者调研信息获取与投资决策的一致性行为的因素。研究发现：①机构投资者的注册地所在地区的文化氛围能够影响其根据调研信息进行投资决策的行为，当机构投资者的注册地位于我国北方时，其受儒家文化影响更为深远，也更能做到保持调研信息获取与投资决策的一致性；②机构投资者的治理水平能影响其根据调研信息进行投资决策的行为，机构投资者治理水平越高，越能达到调研信息获取与投资决策的一致性；③机构投资者所管理投资组合的业绩涨幅能影响其根据调研信息进行投资决策的行为，机构投资者所管理的投资组合的收益越高，越能达到调研信息获取与投资决策的一致性；④机构投资者所有权性质影响其根据调研信息进行投资决策的行为，机构投资者的实际控制人为中资机构时，更能达到调研信息获取与投资决策的一致性。以上结论在重新构建调研信息词库测度被解释变量的稳健性检验后依然成立。因此，上述结果证实了机构投资者自身特征和业绩对其调研信息获取与投资决策的一致性行为具有影响，特别是南北地域文化氛围的差异，使得受儒家文化影响深远的北方地区的机构投资者在判断所获取调研信息后，更能做到保持调研信息获取和投资行为的一致性。

"机构调研信息获取与投资决策的一致性行为对上市公司盈余管理影响的研究"这一章，基于委托代理理论，以盈余管理为切入点，实证检验了机构投资者根据调研信息进行投资决策的行为对上市公司盈余管理的影响。研究发现：①机构投资者调研信息获取与投资决策的一致性行为能够抑制上市公司的盈余管理活动，这种一致性行为可以转化为上市公司有利的外部监督机制；②机构投资者调研信息获取与投资决策的一致性行为对非国有上市公司、规模较小的上市公司、信息环境和法律环境较差的上市公司的盈余管理的抑制作用更强；③机构投资者调研信息获取与投资决策的一致性行为能抑制上市公司的真实盈余管理活动。上述结论在更换盈余管理变量的度量方法和变换实证检验方法，以及控制内生性的稳健性检验后依然成立。上述结果证实了机构投资者调研信息获取与投资决策的一致性行为对上市公司治理具有积极作用。

综上，本书的研究表明，机构投资者获取的调研信息能够预测股票收益率，是有价值的信息；机构投资者能够基于所获取的信息进行投资决策，做到"认知"与"行为"的统一，并且机构投资者所处区域的文化氛围、自身特征及其所管理的投资组合业绩的涨幅对其决策行为具有重要影响；同时，机构投资者调研信息获取与投资决策的一致性行为有助于抑制上市公司的盈余管理活动。本书深化了在行为金融框架下，文化对机构投资者调研、投资行为的影响研究，丰富了机构投资者行为研究的相关文献，同时，有利于发挥机构投资者稳定市场、优化资源配置和公司治理的作用，从而提高市场的理性水平。

7.2　政策启示

7.2.1　机构投资者自身素质方面

兰俊美 2019 年的论文研究表明，机构投资者能够根据所获取的调研信息进行投资决策，达到调研信息获取与投资行为的一致性，相比个人投资者，机构投资者显得更加专业和理性。因此在今后较长的时间内，仍需要大力发展机构投资者，鼓励机构投资者进入市场，发挥机构投资者的专业、技术、信息优势及较强的信息鉴别能力，促进机构投资者稳定市场，提高公司治理水平，对抗市场非理性波动，推动市场朝着平稳、理性的方向发展。

此外，积极发挥中国传统文化对机构投资者投资决策行为的指导作用，党的二十大报告中提到"中华优秀传统文化源远流长、博大精深，是中华文明的智慧结晶，其中蕴含的天下为公、民为邦本、为政以德、革故鼎新、任人唯贤、天人合一、自强不息、厚德载物、讲信修睦、亲仁善邻等"。习近平总书记也在多个场合强调文化自信的重要性，因此我们要多从中华优秀传统文化，尤其是儒家思想和文化中寻求解决现实难题的办法，将中华优秀传统文化提升为"中华民族的基因"。由此可以看出，文化对社会经济发展有着深远的影响，而中国传统文化影响着机构投资者中各执行者的投资决策，特别是对其投资行为有着积极的指导作用，因此，引导机构投资者中的各执行人学习中国儒家文化经典，弘扬儒家文化中的精髓，加强企业文化建设，以儒家文化中的"知行合一"作为认知与实践的指导，营造企业文化氛围就显得十分必要。机构投资者在中华优秀传统文化观念的感召下，能提升自身素质，从而在竞争中处于优势地位。

7.2.2　上市公司方面

上市公司管理层要重视机构投资者的实地调研及其投资行为。机构投资者调研投资的一致性行为既提高了上市公司的经营绩效，又发挥了其公司治理抑制盈余管理的作用。因此，上市公司应吸引并积极配合机构投资者的调研，在满足机构投资者获取调研信息并进行投资的同时，最大限度地提升企业价值。

此外，要加强上市公司的文化建设。优秀的企业文化是公司发展的保障，特别是中国儒家文化中的部分观点，如"慎独""修身"等观念，能够引导和规范公司治理，为公司治理提供正确的方式，促进组织价值观的统一。同时，也要加强上市公司管理层及员工的思想、道德、文化的建设，这是促进企业长期健康发展的重要保证。

7.2.3　政府、监管层方面

证监会及各级管理部门要积极开拓投资渠道，鼓励机构投资者进入市场，壮大机构投资者的队伍。同时，政府及监管部门应督促机构投资者加强其对科学的认识和对规律的把握，制定切实有效的政策和制度，为机构投资者的可持续发展提供保障。在机构投资者调研信息披露制度的建设上，需完善调研信息披露机制，使机构投资者能够在一定的时间内充分利用调研信息，将调研信息的价值发挥到最大。

此外，监管层也应积极推动机构投资者调研活动的健康发展，大力支持各类机构投资者持股，特别是鼓励社保基金、保险公司、财务公司及银行等机构投资者增加持股比例。因为机构投资者调研后增减持股的行为并不只影响自身利益，其行为会对上市公司产生积极的价值效应，这种效应体现在推动上市公司提升效率及提高公司治理水平上。因此监管层若想扩大这种积极效应，就必须确保机构投资者对上市公司的调研活动能健康、持续发展，支持机构投资者持股，发挥其投资行为稳定市场的积极作用。

7.3　可能的贡献

第一，本书基于机构投资者调研文本大数据开展机构投资者调研及投资行为的研究。本书基于调研文本大数据所构建的自定义词库而展开的研究，有别于已有的采用调研频次数据研究机构投资者调研、投资行为的文献。本书以机构投资者所获取的调研信息文本为基础，运用交叉学科理论与方法，针对调研信息表达特定场景，结合股票市场资产定价与风险管理的应用目标场景，构建调研信息内容测度框架，建立了自定义词库，基于该自定义词库进行研究。在所构建的调研信息内容测度框架下，从机构投资者所获取的调研信息能够预测股票收益率的角度出发，挖掘调研信息的价值。因此，本书从综合性和交叉性角度实现研究技术与方法的创新，也使得本书具有鲜明的数据特色。

第二，从文化角度研究机构投资者的调研、投资决策行为。本书验证了机构投资者调研信息获取与投资决策的一致性行为，并检验了影响该行为的因素，有别于已有研究发现的机构投资者的心理因素对投资决策行为的影响，本书有新的发现：文化因素——中国儒家文化能够影响机构投资者的行为决策。

本书研究了机构投资者调研信息获取和投资决策的一致性行为对上市公司盈余管理的影响，得出了新结论：机构投资者调研信息获取和投资决策的一致性行为能抑制上市公司的盈余管理活动，为上市公司提出了新的外部监督机制。

7.4　研究局限与研究展望

7.4.1　研究局限

目前，由于缺少规范有序的机构调研文本信息的关键词分类框架，因此，本书的调研信息文本中的词库多为研究者手工分类构建的，虽然是在保证尽可能客观的情况下进行的分类，但是要判断不同类别的关键词需要阅读相关的信息，此外，不同的研究者对调研文本中各关键词有不同的理解，并且收集整理数据的工作量较大，所构建的特质信息和情绪类信息词库可能还是存在一定的主观性。

在探讨机构投资者获取调研信息后的投资行为时，由于除基金公司外其余的机构投资者的特征信息缺乏且难以收集，因此本书采用了基金公司的数据来代替机构投资者的数据。虽然基金公司作为证券市场中重要的机构投资者，其数据具有较充分的代表性，能够较好地反映市场的规律，但是，在证券市场上还有保险公司、证券公司、信托机构等，它们也是证券市场上不可忽视的力量。因此，本书难以完全消除因数据不够完整而产生一定的偏颇问题。此外，本书只初步研究了机构投资者调研信息获取和投资决策的一致性行为对盈余管理的影响，缺少对影响机制的进一步研究。

由于数据的不可获得，因此本书中有的章节的研究样本的时间到 2018年，有的章节的研究样本的时间到 2016 年，没有实现规范和统一，以及没有使用最新的数据样本。特别需要说明的是，调研文本特质信息的数据的起始点为 2014 年，这是因为上交所及深交所在 2013 年后才逐渐规范调研信息的披露，要求上市公司在规定的平台上、按照规定的格式披露调研信息，使得 2014 年后的调研信息文本更加规范。因此为了获取更加规范且丰富的特质信息以挖掘调研信息价值，本书选取了 2014 年后的数据。

7.4.2　研究展望

针对上述的研究局限，首先，未来的研究可在已构建的调研信息关键词词库的基础上优化现有词库，改进现有调研信息内容测度框架，同时运用已开发的情绪词库对已构建的调研词库进行比对，使得调研信息的关键词词库更加客观、有效。其次，为了使本书的结论更具普遍性，在未来研究中，完善机构投资者数据，特别是除基金公司以外的机构投资者，如保险公司、证券公司、信托等，针对不同类型的机构投资者探讨其投资行为，研究其是否能基于调研信息进行投资决策。同时，在能够收集到数据的情况下，分析在其他国家资本市场中，文化观念是否能够影响机构投资者调研后的投资行为，使得本书结论更具普遍性。最后，未来研究将进一步分析一致性行为影响盈余管理的机制，并分析该一致性行为的经济后果如市场反应，以丰富现有研究，也将拓展机构投资者调研和投资行为背后的心理机制的相关研究。

参考文献

［1］ AGARWAL S, CHEN V Y S, ZHANG W. The information value of credit rating action reports: a textual analysis ［J］. Management Science, 2016, 62 (8): 2218-2240.

［2］ ALLEN F J, QIAN M, QIAN J L. Finance and economic growth in China ［J］. Journal of Financial Economics, 2005 (77): 57-116.

［3］ ALMAZB A, STARKS L. Active institution shareholders and cost of monitoring: evidence from executive compensation ［J］. Financial Management, 2005 (34): 5-34.

［4］ ALVES H R A M, CANADAS N. Factors influencing the different categories of voluntary disclosure in annual reports: an analysis for iberian peninsula listed companies ［J］. Tekhne, 2012, 8 (10): 15-26.

［5］ AMAYA D, CHRISTOFFERSEN P, JACOBS K, et al. Does realized skewness predict the cross-section of equity returns? ［J］. Journal of Financial Economics, 2015, 118 (1): 135-167.

［6］ ANG A, BEKAERT G. Return predictability: is it there? ［J］. Review of Financial Studies, 2007, 20 (3): 651-707.

［7］ ATTIG N, CLEARY S, GHOUL S, et al. Institutional investment horizon and investment-cash flow sensitivity ［J］. Journal of Banking and Finance, 2013, 36 (4): 1164-1180.

［8］ AYERSB C, FREEMAN R N. Evidence that analyst following and institutional ownership accelerate the pricing of future earnings ［J］. Review of Accounting Studies, 2003, 8 (1): 47-67.

［9］ BARBER B M, ODEAN T. Trading is hazardous to your wealth: the common stock investment performance of individual investors ［J］. Journal of Finance, 2000, 55: 773-806.

[10] BARNEY J B. Firm resource and sustained competitive advantage [J]. Journal of Management, 1991, 17 (1): 99-120.

[11] BARRETT G V, BASS B M. Cross-cultural issues in industrial and organizational psychology [D]. Rochester University Management Eesearch Center, 1972.

[12] BARTOV E, RADHAKRISHNAN S, KRINSKY I. Investor sophistication and patterns in stock returns after earnings announcements [J]. The Accounting Review, 2000, 75 (1): 43-63.

[13] BEASLEY M S, CARCELLO J V, HERMANSON D R, et al. Fraudulent financial reporting: consideration of industry traits and corporate governance mechanisms [J]. Accounting Horizon, 2000, 14 (4): 441-454.

[14] BECKER S, ICHINO A. Estimation of average treatment effects based on propensity scores [J]. Stata Journal, 2002, 2 (4): 358-377.

[15] BERNILE G, KUMAR A, SULAEMAN J. Home away from home: geography of information and local investors [J]. Review of Financial Studies, 2015, 28 (7): 2009-2049.

[16] BOHL M T, JANUSZ B. Do institutional investors destabilize stock prices? evidence from an emerging market [J]. Journal of International Financial Markets, Institutions and Money, 2006, 16 (4): 330-383.

[17] BOHL M T, JANUSZ B. Institutional investors and stock returns volatility: empirical evidence from a natural experiment [J]. Journal of Financial Stability, 2009, 5 (2): 170-182.

[18] BOTOSAN, C A. Disclosure level and the cost of equity capital [J]. Accounting Review, 1997 (2): 323-349.

[19] BOWEN R M, DUTTA S, TANG S. Inside the "Black Box" of private in-house meeting [J]. Review of Accounting Studies, 2018 (23): 487-527.

[20] BRICKLEY J A, LEASE R C, SMITH C J. Ownership structure and voting on antitakeover amendments [J]. Journal of Financial Economics, 1988 (20): 267-291.

[21] BURNS N, KEDIAS, LIPSON M. Institutional ownership and monitoring: evidence from financial misreporting [J]. Journal of Corporate Finance,

2010, 16（4）：443-455.

[22] BUSHEE B J, FRIEDMAN H L. Disclosure standards and the sensitivity of returns to mood [J]. Review of Financial Studies, 2016, 29（3）：54-66.

[23] BUSHEE B J, GERAKOS J, LEE L F. Corporate jets and private meetings with investors [J]. Journal of Accounting and Economics, 2018, 65（2-3）：358-379.

[24] BUSHEE B J, JUNG M J, MILLER G S. Conference presentations and the disclosure milieu [J]. Journal of Accounting Research, 2011, 49（5）：1163-1192.

[25] BUSHEE B J, JUNG M J, MILLER G S. Do investors benefit from selective access to management? [J]. Journal of Financial Reporting, 2017, 2（1）：31-61.

[26] BUSHMAN R M, SMITH A J. Financial accounting information and corporate governance [J]. Communication of Finance and Accounting, 2007（32）：237-333.

[27] CAI Y, LAU S T. Informed trading around earnings and mutual fund alphas [J]. Journal of Banking and Finance, 2015（60）：168-180.

[28] CAMPBELL J Y, SHILLER R J. The dividend-price ratio and expectations of future dividends and discount factors [J]. Review of Financial Studies, 1988, 1（3）：195-228.

[29] CAMPBELL J Y, THOMPSON S B. Predicting the equity premium out of sample：can anything beat the historical average? [J]. Review of Financial Studies, 2008（21）：1509-1531.

[30] CAMPBELL J Y, YOGO M. Efficient tests of stock return predictability [J]. Journal of Financial Economics, 2006, 81（1）：27-60.

[31] CAMPBELL J Y, VUOLTEENAHO T. Inflation illusion and stock prices [J]. American Economic Review, 2004, 94（2）：19-23.

[32] CAO S, GONG G, SHI H. Private information acquisition and corporate investment：evidence from corporate site visits [J]. Social Science Electronic Publishing, 2017, 10（2）：62-81.

[33] CHANG B Y, CHRISTOFFERSEN P, JACOBS K. Market skewness

risk and the cross section of stock returns [J]. Journal of Financial Economics, 2013, 107 (1): 46–68.

[34] CHAU, G, GRAY S J. Family ownership, board independence and voluntary disclosure: evidence from Hong Kong [J]. Journal of International Accounting Auditing and Taxation, 2010 (19): 93–109.

[35] CHEN K C W, YUAN H. Earnings management and capital resource allocation: evidence from China's accounting–based regulation of rights issues [J]. Accounting Review, 2004, 79 (3): 645–665.

[36] CHEN X, LEE C J, LI J. Government assisted earnings management in China [J]. Journal of Accounting and Public Policy, 2008 (3): 262–274.

[37] CHENG Q, DU F, WANG X, et al. Are investors' corporate site visits informative? [J]. Working Paper, Singapore Management University, 2015.

[38] CHENG Q, DU F, WANG X, et al., Do corporate site visits impact stock markets? [J]. Contemporary Accounting Research, 2019 (36): 359–388.

[39] CHENG Q, DU F, WANG X, et al.. Seeing is believing: analysts' corporate site visit [J]. Review of Accounting Studies, 2016 (21): 245–286.

[40] CHUNG R, FIRTH M, KIM J B. Institutional monitoring and opportunistic earnings management [J]. Journal of Corporate Finance, 2002, 8 (1): 29–48.

[41] CLARK T E, WEST K D. Approximately normal tests for equal predictive accuracy in nested models [J]. Journal of Econometrics, 2007, 138 (1): 291–311.

[42] COHEN D A, DEY A, LYS T Z. Real and accrual–based earnings mnagement in the pre– and Post–Sarbanes–Oxley periods [J]. The Accounting Review, 2008 (3): 757–787.

[43] COHEN D A, ZAROWIN P. Accrual–based and real earnings management activities around seasoned equity offerings [J]. Journal of Accounting and Economics, 2010 (1): 2–19.

[44] CORRADI V, DISTASO W, MELE A. Macroeconomic determinants of stock volatility and volatility premiums [J]. Journal of Monetary Economics, 2013, 60 (2): 203–220.

[45] CREMERS M, PETAJISTO A. How active is your fund manager? a new measure that predicts performance [J]. Review of Financial Studies, 2009, 22 (9): 3329-3365.

[46] DANIEL K, DAVID H A. Investor psychology and security market under- and overreactions [J]. The Journal of Finance, 1998 (53): 1839-1885.

[47] DECHOW P M, DICHEV I D. The quality of accruals and earnings: the role of accrual estimation errors [J]. The Accounting Review, 2002, 77 (s -1): 35-59.

[48] DECHOW P M, SLOAN R G, SWEENEY A P. Detecting earnings management [J]. The Accounting Review, 1995, 70 (2): 193-225.

[49] DEGEORGE F, DING Y, STOLOWY H. Analyst coverage, earnings management and financial development: an international study [J]. Journal of Accounting and Public Policy, 2013 (1): 1-25.

[50] DOLPHIN R R. The strategic role of investor relations [J]. Corporate Commutations: an International Journal, 2004, 9 (1): 25-42.

[51] DONG D, YUE S, CAO J. Site visit information content and return predictability: evidence from China [J]. North American Journal of Economics and Finance, 2020 (51): 101-115.

[52] DU J, ZHANG Y. Does one belt one road initiative promote Chinese overseas direct investment? [J]. China Economic Review, 2018 (47): 189-205.

[53] EASTERWOOD J C, NUTT S R. "Inefficiency in analysts" earnings forecasts: systematic misreaction or sytematic opti-mism? [J]. Journal of Finance, 1999 (54): 1777-1797.

[54] ELLIOTT G, TIMMERMANN A. Forecasting stock returns. in: handbook of economic forecasting [M]. Amsterdam: Elsevier, 2013.

[55] ENG L L, MAK Y T. Corporate governance and voluntary disclosure [J]. Journal of Accounting and Public Policy, 2003, 22 (4): 325-345.

[56] FAMA E F, FRENCH K R. Dividend yields and expected stock returns [J]. Journal of Financial Economics, 1988, 22 (1): 3-25.

[57] FAMA E F, MACBETH J D. Risk, return, and equilibrium: empiri-

cal tests [J]. Journal of Political Economy, 1973, 81 (3): 607-636.

[58] FAN J P H, WONG T J. Corporate ownership structure and the informativeness of accounting earnings in east asia [J]. Journal of Accounting and Economics, 2002 (33): 401-425.

[59] fang l h. investment bank reputation and the price and quality of underwriting services [J]. Journal of Finance, 2010, 60 (6): 2729-2761.

[60] FANG Y. Analyst coverage and earnings management [J]. Journal of Financial Economics, 2008 (2): 245-271.

[61] FERREIRA M A, PEDRO S C. Forecasting stock market returns: the sum of the parts is more than the whole [J]. Journal of Financial Economics, 2011, 100 (3): 524-537.

[62] FISHER K L, STATMAN M. Investor sentiment and stock returns [J]. Financial Analysts Journal, 2000 (56): 6-23.

[63] FRANKEL R M, JOHNSON M F, SKINNER D J. An empirical evaluation of conference calls as a voluntary disclosure medium [J]. Journal of Accounting Research, 1997, 37 (1): 133-150.

[64] FRANKEL R, LI X. Characteristics of a firm's information environment and the information asymmetry between insiders and outsiders [J]. Journal of Accounting and Economics, 2004, 7 (2): 229-259.

[65] FULLER R J. Modern investments and security analysis [M]. New York: McGraw-Hill, 1987.

[66] GAO S, CAO F, LIU X. Seeing is not necessarily the truth: do institutional investors' corporate site visits reduce hosting firms'stock price crash risk? [J]. International Review of Economics and Finance, 2017 (52): 165-187.

[67] GERVAIS S, KANIEL R, DAN H M. The high-volume return premium [J]. Journal of Finance, 2002 (56): 234-278.

[68] GRAHAM J R, HARVEY C R, RAJGOPAL S. The economic implications of corporate financial reporting [J]. Journal of Accounting and Economics, 2005, 40 (1): 3-73.

[69] GROVES T, HONG Y, NAUGHTON M M. Autonomy and incentives in Chinese state enterprises [J]. Quarterly Journal of Economics, 1994 (1): 183-209.

[70] HAIGH M S, LIST J A. Do professional traders exhibit myopic loss a-version? an experimental analysis [J]. Journal of Finance, 2005, 60 (1): 523 -534.

[71] HAN A, CHUNG C Y. Are individual investors less informed than in-stitutional investors unique evidence from investor trading behaviors around bad mergers in Korean financial market [J]. Applied Economic Letters, 2013, 20 (12): 1145-1149.

[72] HAN B, KONG D, LIU S. Do analysts gain an informational advan-tage by visiting listed companies? [J]. Contemporary Accounting Research, 2018 (4): 1843-1867.

[73] HAN S, LERNER J S, KELTNER D. Feelings and consumer deci-sion making: the appraisal-tendency framework [J]. Journal of Consumer Psy-chology, 2007 (17): 158-168.

[74] HANIFFA R M, COOKE T E. The impact of culture and governance on corporate social reporting [J]. Journal of Accounting Public Policy, 2005, 6 (24): 391-430.

[75] HANIFFA R M, COOKE T E. Culture, corporate governance and disclosure in malaysian corporations [J]. Abacus, 2002, 12 (38): 317-349.

[76] HANLEY K W, HOBERG G. The information content of IPO pro-spectuses [J]. The Review of Financial Studies. 2010 (23): 2821-2864.

[77] HEALY P M, PALEPU K G. Information asymmetry, corporate dis-closure, and the capital markets: a review of the empirical disclosure literature [J]. Journal of Accounting and Economics, 2001 (1-3): 405-440.

[78] HEALY P M, WAHLEN J M A. Review of the earning management literatures and its implications for standard setting [J]. Accounting Horizons, 1999, 13 (4): 365-383.

[79] HENLY P, PALEGU K. Information asymmetry, corporate disclosure and the capital markets: a review of empirical disclosure literature [J]. Journal of Accounting and Economics, 2001, 5 (31): 405-440.

[80] HO S M, WONG K S. A study of the relationship between corporate governance structures and the extent of voluntary disclosure [J]. Journal of Inter-national Accounting, Auditing and Taxation, 2001, 10 (2): 139-156.

[81] HOLLAND J B, DORAN P. Financial institutions, private acquisition of corporate information, and fund management [J]. European Journal of Finance, 1998, 4 (2): 129-155.

[82] HUA F, WANG J. How investor sentiment impacts financial decision —making behavior: from a cognitive neuroscience perspective [J]. Neuro Quantology, 2018 (16): 456-478.

[83] HUANG D, JIANG F, TU J, et al.. Investor sentiment aligned: a powerful predictor of stock returns [J]. Review of Finance Study, 2015, 28 (3): 791-837.

[84] HUNG MY. Accounting standards and value relevance of financial statements: an international analysis [J]. Journal of Accounting and Economics, 2000 (30): 401-420.

[85] INOUE A, JIN L, ROSSI B. Rolling window selection for out-of-sample forecasting with time-varying parameters [J]. Journal of Econometrics, 2017, 196 (1): 55-67.

[86] IRVINE P, LIPSON M, PUCKETT A. Tipping [J]. Review of Financial Studies, 2007, 20 (3): 741-768.

[87] JENSEN M C, MECKLING W H. Theory of the firm: managerial behavior, agency costs and ownership structure [J]. Journal of Financial Economics, 1976 (3): 305 -360.

[88] JI L J, NISBETT R E, SU Y. Culture, change and prediction [J]. psychological cncc, 2010 (12): 450-456.

[89] JIANG F, LEE J A, MARTIN X, ZHOU G. Manager sentiment and stock returns [J]. Journal of Financial Economics, 2019 (132): 126-149.

[90] JIANG XY, YUAN QB. Institutional investors' corporate site visits and corporate innovation [J]. Journal of Corporate Finance, 2018 (46): 148-168.

[91] JIANG XY, YUAN Q B. Institutional investors' corporate site visits and corporate innovation [J]. Journal of Corporate Finance, 2018 (46): 148-168.

[92] JOHN K, LITOV L, YEUNG B. Corporate governance and risk-taking [J]. Journal of Finance, 2008 (4): 1679-1728.

[93] KAHNEMAN D, SLOVIC P, TVERSKY A. Judgement under uncertainty heuristics and biases [M]. Cambridge: Cambridge University Press, 1982.

[94] KAHNEMAN D, TVERSKY A. Intuitive prediction biases and corrective procedures [J]. Management Science, 1979 (12): 313-327.

[95] KAHNEMAN D, TVERSKY A. On the interpretation of intutive probability: a reply to jonathan [J]. Cognition, 1979 (7): 409-411.

[96] KANDEL S, STAMBAUGH R F. On the predictability of stock returns: an asset allocation perspective [J]. Journal of Finance, 1996, 51 (2): 385-424.

[97] KANG T, HOONG P Y. Economic development and the value-relevance of accounting information: a disclosure transparency perspective [J]. Review of Accounting and Finance, 2005 (1): 5-31.

[98] KARPOFF J M, LOU X. Short sellers and financial misconduct [J]. Journal of Finance, 2010 (65): 1879-1913.

[99] KIM J H, PARK Y M S. Underwriter choice and earnings management: evidence from seasoned equity offerings [J]. Review of Accounting Studies, 2007 (1): 23-59.

[100] KIM O, VERRECCHIA R. Pre-announcement and event-period information [J]. Journal of Accounting and Economics, 1997, 24 (3): 395-419.

[101] KLEIN A. Audit committee, board of director characteristics, and Earnings Management [J]. Journal of Accounting and Economics, 2002 (3): 375-400.

[102] KOTHARI S P, SHANKEN J. Book-to-market, dividend yield, and expected market returns: a time-series analysis [J]. Journal of Financial Economics, 1997, 44 (2): 169-203.

[103] KROUJILINE D, GUSEV M, USHANOV D, et al.. Forecasting stock market returns over multiple time horizons [J]. Quantitative Finance, 2016, 16 (11): 1695-1712.

[104] KUMAR P, LANGBERG N, SIVARAMAKRISHNAN K. Voluntary disclosures, corporate control, and investment [J]. Journal of accounting re-

search, 2012 (50): 1041-1076.

[105] LAKHAL F. Voluntary earnings disclosures and corporate governance: evidence from france [J]. Review of Accounting and Finance, 2015 (4): 64-85.

[106] LEE G, MASULIS R W. Do more reputable financial institutions reduce earnings management by IPO issuers? [J]. Journal of Corporate Finance, 2011 (17): 982-1000.

[107] LEE Y J, PETRONI K R, SHEN M. Cherry picking, disclosure quality, and comprehensive income reporting choices: the case of property-liability insurers [J]. Contemporary Accounting Research, 2010 (23): 112-134.

[108] LERNER J S, LI Y, VALDESOLO P. Emotion and decision making [J]. Annual Review of Psychology, 2015 (66): 799.

[109] LEUZ C, NANDA D, WYSOCKI P D. earnings management and investor protection: an international comparison [J]. Journal of Financial Economics, 2003 (69): 505-527.

[110] LEVINSON J D, PENG K. Valuing cultural differences in behavioral economics [J]. The Icfai journal of behavioral finance, 2006 (5): 32-47.

[111] LI F. Annual report readability, current earnings, and earnings persistence [J]. Journal of Accounting and Economics, 2008, 45 (2): 221-247.

[112] LILIAN N, WU F. The trading behavior of institutions and individuals in Chinese equity markets [J]. Journal of Banking and Finance, 2007, 31 (9): 2695-2710.

[113] LIN Y, SONGY, TAN J. The governance role of institutional investors in information disclosure: evidence from institutional investors'corporate visits [J]. Nankai Business Review International, 2017, 8 (3): 304-323.

[114] LONG J B D, SHLEIFER A, SUMMERS L H, et al.. Noise trader risk in financial markets [J]. Journal of Political Economy, 1990, 98 (4): 703-738.

[115] LU X, FUNG G H, SU Z. Information leakage, site visits, and crash risk: evidence from China [J]. International Review of Economics and Finance, 2018 (58): 487-507.

[116] MASSA M, ZHANG B, ZHANG H. The invisible hand of short selling: does short selling discipline earnings management [J]. Review of Financial Studies, 2015, 28 (6): 1701-1736.

[117] MATSUMOTO D, PRONK M, ROELOFSEN E. What makes conference calls useful? the information content of managers' presentations and analysts' discussion sessions [J]. Accounting Review, 2011, 86 (4): 1383-1414.

[118] MAYEW W J, SHARP N Y, VENKATACHALAM M. Using earning conference calls to identify analysts use superior private information [J]. Review of Accounting Studies, 2013, 18 (2): 386-413.

[119] MCNICHOLS M F. Discussion of the quality of accruals and earnings: the role of accrual estimation errors [J]. The Accounting Review, 2002, 77 (s-1): 61-69.

[120] MITRA S, CREADY W M. Institutional stock ownership, accrual management, and information environment [J]. Journal of Accounting Auditing and Finance, 2005, 20 (3): 257-286.

[121] NEELY C J, RAPACH D E, TU J, et al.. Forecasting the equity risk premium: the role of technical indicators [J]. Management Science, 2014, 60 (7): 1772-1791.

[122] NEWSON M, DEEGAN C. Global expectations and their association with corporate social disclosure practices in Australia, Singapore and South Korea [J]. International Journal of Accounting, 2002, 15 (37): 183-213.

[123] OBARA C I. Firm reputation and horizontal integration [J]. The rand journal of economics, 2006, 40 (2): 340-363.

[124] ODEAN T. Are investors reluctant to realize their losses? [J]. The Journal of Finance, 1998 (5): 1775-1798.

[125] OSGOOD C E, SUCI G J. Factor analysis of meaning [J]. Journal of Experimental Psychology, 1955, 50 (5): 325.

[126] PAESE P W, BIESER M, TUBBS M E. Framing effects and choice shifts in group decision making [J]. Organizational Behavior and Human Decision Processes, 1993 (56): 149-165.

[127] PIOTROSKIJ D, ROULSTONE D T. The influence of analysts, institutional investors, and insiders on the incorporation of market, industry, and

firm-specific information into stock prices [J]. The Accounting Review, 2004, 79 (4): 1119-1151.

[128] PONTIFF J, SCHALL L D. Book-to-market ratios as predictors of market returns [J]. Journal of Financial Economics, 1998, 49 (2): 141-160.

[129] PORTER M E. Capital disadvantage: America's failing capital investment system [J]. Harvard Business Review, 1992 (70): 65-82.

[130] RAPACH D E, STRAUSS J K, ZHOU G. Out-of-sample equity premium prediction: combination forecasts and links to the real economy [J]. Review of Financial Studies, 2010, 23 (2): 821-862.

[131] ROBERTS J, SANDERSON P, BAKER R, et al.. In the mirror of the market: the disciplinary effects of company/fund manager meetings [J]. Accounting, Organization and Society, 2006, 31 (3): 277-294.

[132] ROSENBAUM P R, RUBIN D B. The central role of the propensity score in observational studies for causal effects [J]. Biometrika, 1983, 70 (1): 41-55.

[133] ROSSI B, INOUE A. Out-of-sample forecast tests robust to the choice of window size [J]. Journal of Business and Economic Statistics, 2012, 30 (3): 432-453.

[134] ROYCHOWDHURY S. Earnings management through real activities manipulation. journal of accounting and economics, 2006, 42 (3): 335-370.

[135] SANTHOSH R Y. Institutional ownership and conservatism [J]. Journal of Accounting and Economics, 2012, 52 (1): 98-114.

[136] SCHARFSTEIN D, STEIN J. Herd behavior and investment [J]. The Review of American, 1990, 80 (3): 465-479.

[137] SCHIPPER K. Commentary on earnings management [J]. Accounting Horizons, 1989 (3): 177-232.

[138] SCHLEIFER A, VISHNY R W. Contrarian investment [J]. NBER Reporter, 1995 (30): 213-256.

[139] SCHNATTERLY K, SHAW K W, JENNINGS W W. Information advantages of large institutional owners [J]. Strategic Management Journal, 2008, 29 (2): 155-180.

[140] SEDOR L M. An explanation for unintentional optimism in analysts

'earnings forecasts [J]. Accounting Review, 2002, 77 (4): 731-753.

[141] SHEFRIN H, STATMAN M. The disposition to sell winners too early and ride losers too long: theory and evidence [J]. Journal of Finance, 1985 (3): 777-790.

[142] SHILLER R J. From efficient markets theory to behavioral finance [J]. The Journal of Economic Perspectives, 2003 (2): 191-230.

[143] SHLOMO B, THALER R H. Myopic loss aversion and the equity premium puzzle [J]. The Quarterly Journal of Economics, 1995 (3): 110.

[144] SIAS R W. Volatility and the institutional investor [J]. Financial Analysts Journal, 1996, 52 (2): 13-30.

[145] SIREGAR S V, UTAMA S. Type of earnings management and the effect of ownership structure, firm size, and corporate-governance practices: evidence from indonesia [J]. The International Journal of Accounting, 2008, 9 (1): 1-27.

[146] Sørensen J B. The strength of corporate culture and the reliability of firm performance [J]. Administrative Science Quarterly, 2002, 47 (1): 70-91.

[147] SUTTER M. Are teams prone to myopic loss aversion? an experimental study on individual versus team investment behavior [J]. Economics Letters, 2007, 97 (2): 128-132.

[148] SWITZER L N, KEUSHGERIAN M. Do company visits add value for professional investors? [J]. Journal of Applied Finance, 2013, 23 (1): 71-94.

[149] THALER R, TVERSKY A, KAHNEMAN D, et al.. The effect of myopia and loss aversion on risk taking: an experimental Test [J]. Quarerly Journal of Economics, 1997, 112 (2): 647-661.

[150] TSAI M F, WANG C J. On the risk prediction and analysis of soft information in finance reports [J]. European Journal of Operational Research, 2017, 257 (1): 243-250.

[151] TVERSKY A, KAHNEMAN D. The framing of decisions and the psychology of choice [J]. Science, 1981, 211 (4481): 453-458.

[152] VENKY N W. Discretionary disclosure and stock-based incentives

[J]. Journal of Accounting and Economics, 2003 (34): 283-309.

[153] VROOM A. Work and motivation [J]. Industrial Organization Theory and Practice, 1964, 35 (2): 2-23.

[154] WARFIELD T D, WILD J J, WILD K L. Managerial ownership, accounting choices, and informativeness of earnings [J]. Journal of Accounting and Economics, 1995, 20 (1): 61-91.

[155] WEBER E U, HSEE C K. Culture and individual judgment and decision making [J]. Applied Psychology, 2000, 49 (1): 32-61.

[156] WEBER M. The religion of China [M]. New York: The Free Press, 1951.

[157] WELCH I, GOYAL A. A comprehensive look at the empirical performance of equity premium prediction [J]. Review of Financial Studies, 2008 (21): 1455-1508.

[158] WERMERS R. Mutual fund herding and the impact on stock prices [J]. Journal of Finance, 1999, 54 (2): 581-622.

[159] WILLIAMSON O E. The new institutional economics: taking stock, looking ahead [J]. Journal of Economic Literature, 2000 (38): 595-613.

[160] XIAO H F, YUAN J G. Ownership structure, board composition and corporate voluntary disclosure: evidence from listed companies in China [J]. Managerial Auditing Journal, 2007, 3 (22): 604-619.

[161] XIE B, WALLACE N D, PETER J D. Earnings management and corporate governance: the role of the board and the audit committee [J]. Journal of Corporate Finance, 2003 (3): 295-316.

[162] ZAKAY D, WOOLER S. Time pressure, training and decision effectiveness [J]. Ergonomics, 1984 (27): 273-284.

[163] ZANG A Y. Evidence on the tradeoff between real activities manipulation and accrual-based earning management [J]. The Accounting Review, 2012, 87 (2): 675-703.

[164] ZHANG Y, MA F, ZHU B. Intraday momentum and stock return predictability: evidence from China [J]. Economic modelling, 2019 (76): 319-329.

[165] 薄仙慧, 吴联生. 国有控股与机构投资者的治理效应: 盈余管

理视角 [J]. 经济研究, 2009 (2)：81-91.

[166] 蔡春, 朱荣, 谢柳芳. 真实盈余管理研究述评 [J]. 经济学动态, 2011 (12)：125-130.

[167] 蔡庆丰, 宋友勇. 超常规发展的机构投资者能稳定市场吗？对我国基金业跨越式发展的反思 [J]. 经济研究, 2010 (1)：90-101.

[168] 蔡庆丰, 宋友勇. 机构投资者与市场定价效率的检验与反思 [J]. 证券市场导报, 2009 (12)：68-75.

[169] 曹新伟, 洪剑峭, 贾琬娇. 分析师实地调研与资本市场信息效率：基于股价同步性的研究 [J]. 经济管理, 2015 (8)：141-150.

[170] 陈冬华, 胡晓莉, 梁上坤, 等. 宗教传统与公司治理 [J]. 经济研究, 2013 (9)：71- 84.

[171] 陈坚, 张轶凡. 中国股票市场的已实现偏度与收益率预测 [J]. 金融研究, 2018 (9)：107-125.

[172] 陈军. 归因风格、时间压力对决策信息加工的影响 [J]. 心理科学, 2009 (6)：1445-1447.

[173] 陈来. 有无之境：王阳明哲学的精神 [M]. 北京：北京大学出版社, 2013.

[174] 陈日清. 机构投资者与个人投资者过度自信行为比较研究 [J]. 投资研究, 2011 (12)：25-37.

[175] 陈小林, 孔东民. 机构投资者信息搜寻、公开信息透明度与私有信息套利 [J]. 南开管理评论, 2012 (1)：113 122.

[176] 陈小林, 孔东民. 机构投资者信息搜寻、公开信息透明度与私有信息套利 [J]. 南开管理评论, 2012 (1)：113-122.

[177] 程 林. 财务视角下上市公司投资价值分析：基于 logistic 回归模型的实证研究 [J]. 财会通讯, 2008 (9)：97-99.

[178] 程书强. 机构投资者持股与上市公司会计盈余信息关系实证研究 [J]. 管理世界, 2006 (9)：129-136.

[179] 程小可, 李昊洋, 高升好. 机构投资者调研与管理层盈余预测方式 [J]. 管理科学, 2017 (1)：131-145.

[180] 邓可斌, 唐小艳. 机构投资者真的有助于降低盈余管理吗？来自中国上市公司混合与平衡面板数据的证据 [J]. 产业经济研究, 2010 (12)：71-86.

[181] 翟淑萍, 袁克丽. 分析师实地调研能缓解企业融资约束吗 [J]. 山西财经大学学报, 2019 (12): 113-126.

[182] 董丽娃. 基金公司和基金经理特征对基金绩效的影响研究 [D]. 济南: 山东大学, 2017.

[183] 董永琦, 宋光辉, 丘彦强, 等. 基金公司实地调研与股价崩盘风险 [J]. 证券市场导报, 2019 (1): 37-44.

[184] 董永琦. 基金公司实地调研的价值效应研究 [D]. 广州: 华南理工大学, 2019.

[185] 杜小艳, 刘晶晶, 杨雨薇. 证券投资基金管理公司治理结构与投资业绩关系研究 [J]. 改革与战略, 2016 (10): 76-79.

[186] 樊纲, 王小鲁, 朱恒鹏. 中国市场化指数. 各省区市场化相对进程 2011 年度报告 [M]. 北京: 经济科学出版社, 2011.

[187] 淦未宇, 徐细雄, 刘曼. 儒家传统与员工雇佣保障: 文化的力量 [J]. 上海财经大学学报, 2020 (1): 66-84.

[188] 高雷, 宋顺林. 公司治理与公司透明度 [J]. 金融研究, 2007 (11): 28-44.

[189] 高丽, 胡艳. 机构股东的积极治理效应研究: 基于投资者关系管理调节效应与中介效应的检验 [J]. 中南财经大学学报, 2011 (5): 127-133.

[190] 高群, 黄谦, 任志刚. 中国上市公司机构持股时对大股东控制与盈余管理关系的影响研究 [J]. 统计与信息论坛, 2012 (3): 44-50.

[191] 宫玉松. 投资与投机 [M]. 北京: 中国金融出版社, 2004.

[192] 巩见刚, 高旭艳, 孙岩. 本土管理学如何赓续中国传统文化: 兼对已有思路的讨论 [J]. 管理学报, 2019 (10): 1447-1456.

[193] 古志辉. 全球化情境中的儒家伦理与代理成本 [J]. 管理世界, 2015 (3): 113-123.

[194] 顾鸣润, 杨继伟, 余怒涛. 产权性质、公司治理与真实盈余管理 [J]. 中国会计评论, 2012 (3): 255-274.

[195] 顾乃康, 周艳利. 卖空的事前威慑, 公司治理与企业融资行为: 基于融资融券制度的准自然实验检验 [J]. 管理世界, 2017 (2): 120-134.

[196] 韩汉君, 燕麟. 我国股票市场价格机制与资金配置效率研究

[J]. 上海经济研究, 2017 (2): 95-105.

[197] 何飞. 基于 Kahneman 前景理论的风险规避与风险寻求决策的脑机制研究 [D]. 西安: 第四军医大学, 2009.

[198] 何兴强, 李涛. 不同市场态势下股票市场的非对称反应: 基于中国上证股市的实证分析 [J]. 金融研究, 2007 (8): 131-140.

[199] 胡大春, 金赛男. 基金持股比例与 A 股市场收益波动率的实证分析 [J]. 金融研究, 2007 (4): 129-142.

[200] 胡伟国, 胡瑜. 时间压力对风险决策中框架效应的影响 [J]. 心理科学, 2009 (3): 694-696.

[201] 黄清华, 刘岚溪. 上市公司调研报告的负面语气难否降低股价崩盘风险: 基于文本分析的视角 [J]. 上海金融, 2019 (8): 31-47.

[202] 贾婉娇, 洪剑鞘, 徐媛媛. 我国证券分析师实地调研有价值吗? 基于盈余预测准确性的一项实证研究 [J]. 投资研究, 2015 (4): 96-113.

[203] 江婕, 邱佳成, 朱然. 投资者关注与股价崩盘风险: 抑制还是加剧? [J]. 证券市场导报, 2020, 332 (3): 71-80.

[204] 江萍, 田澍. 基金管理公司股权结构与基金绩效研究 [J]. 金融研究, 2011 (6): 123-135.

[205] 蒋艳辉, 郑佳尔. 新媒体信息披露对股票市场的影响研究: 来自 "互动易" 平台的实证数据 [J]. 会计之友, 2017 (8): 48-54.

[206] 景海峰. 全球化背景下的儒家伦理反思 [J]. 中国社会科学, 2006 (5): 15-20.

[207] 孔东民, 刘莎莎, 陈小林. 个体沟通、交易行为与信息优势: 基于共同基金访问的证据 [J]. 经济研究, 2015, 50 (11): 106-119, 182.

[208] 兰俊美. 机构投资者与个人投资者非理性行为比较研究 [D]. 北京: 对外经济贸易大学, 2019.

[209] 李春涛, 宋敏, 张璇. 分析师跟踪与企业盈余管理: 来自中国上市公司的证据 [J]. 金融研究, 2014 (7): 124-139.

[210] 李春涛, 赵一, 徐欣. 按下葫芦浮起瓢: 分析师跟踪与盈余管理途径选择 [J]. 金融研究, 2016 (4): 144-157.

[211] 李非, 杨春生, 苏涛, 等. 阳明心学的管理价值及践履路径 [J]. 管理学报, 2017 (5): 633-639.

[212] 李昊洋, 程小可, 姚立杰. 机构投资者调研抑制了公司避税吗?

［J］.会计研究，2018（9）：56-63

　　［213］李昊洋，程小可.投资者调研提升了资本市场定价效率吗：基于会计信息价值相关性的研究［J］.金融经济学研究，2017（1）：99-110.

　　［214］李昊洋.投资者调研与资本市场信息效率研究［D］.北京：北京交通大学，2018.

　　［215］李洁，谢晓非.风险倾向的跨文化差异研究综述［J］.社会心理科学，2007（Z2）：28-33.

　　［216］李维安，李滨.机构投资者介入公司治理效果的实证研究：基于CCGI-NK的经验研究［J］.南开管理评论，2008，11（1）：4-14.

　　［217］李心丹，王冀宁，傅浩.中国个体证券投资者交易行为的实证研究［J］.经济研究，2002（11）：54-63.

　　［218］李心丹.行为金融理论：研究体系及展望［J］.金融研究，2005（1）：175-190.

　　［219］李学峰，张舰.基金公司治理结构是否影响基金绩效［J］.证券市场导报，2008（2）：56-62.

　　［220］李延喜，曾伟强，马壮.外部治理环境、产权性质与上市公司投资效率［J］.南开管理评论，2015（1）：25-36.

　　［221］李增福，周婷.规模、控制人性质与盈余管理［J］.南开管理评论，2013（6）：81-94.

　　［222］李争光，赵西卜，曹丰.机构投资者异质性与会计稳健性：来自中国上市公司的经验证据［J］.南开管理评论，2015（3）：111-121.

　　［223］列文森.儒教中国及其现代命运［M］.北京：中国社会科学出版社，2000.

　　［224］林卉，许尤洋，刘峰.中国资本市场"框架效应"现象的实证研究：基于中组部18号文的自然实验［J］.经济研究，2016（12）：163-177.

　　［225］凌爱凡，杨晓光.基于Google Trends注意力配置的金融传染渠道［J］.管理科学学报，2012（11）：108-120.

　　［226］刘春奇.基于基金公司性质研究股权结构对公司绩效的影响［J］.财会月刊（中），2015（3Z）：122-125.

　　［227］刘国亮，常艳丽.上市公司自愿披露信息质量实证研究［J］.产业经济评论，2008（7）：27-44.

[228] 刘奕均，胡奕明. 机构投资者类型与股票市场波动实证研究 [J]. 软科学，2010（6）：111-114.

[229] 娄伟. 基金持股与上市公司业绩相关性的实证研究 [J]. 上海经济研究，2002（6）：58-62.

[230] 陆蓉，常维. 近墨者黑：上市公司违规行为的"同群效应" [J]. 金融研究，2018（8）：172-189.

[231] 罗秋立. 传统文化非理性层面的探讨 [J]. 兰州学刊，2003（2）：21-23，29.

[232] 吕世瑞，吕世瑜. 中国机构投资者分散不足的实证检验：以基金公司为例 [J]. 华东经济管理，2007（4）：68-70.

[233] 马连福，王丽丽，张琦. 混合所有制的优序选择：市场的逻辑 [J]. 中国工业经济，2015（7）：5-20.

[234] 毛洪涛，邓博夫. 产权性质、真实和应计盈余管理与股权资本成本：来自A股上市公司的经验证据 [J]. 财务研究，2015（3）：37-49.

[235] 宁腾飞. 梁启超"孔北老南"说的建立及其意义 [J]. 史学月刊，2019（2）：116-127.

[236] 诺思. 制度、制度变迁与经济绩效 [M]. 上海：上海三联书店，2008.

[237] 彭聃龄. 普通心理学 [M]. 北京：北京师范大学出版社，2010.

[238] 丘彦强，许林. 基金公司调研、投资价值与公司股价波动：以中小板为例 [J]. 金融监管研究，2019（1）：97-109.

[239] 饶育蕾，张轮. 行为金融学 [M]. 上海：复旦大学出版社，2005.

[240] 申屹. 新兴证券市场开放与外国机构投资者监管 [M]. 北京：中国财政经济出版社，2005.

[241] 史永东，王谨乐. 中国机构投资者真的稳定市场吗？[J]. 经济研究，2014（12）：100-112.

[242] 宋建波，田悦. 管理层持股的利益趋同效应研究：基于中国A股上市公司盈余持续性的检验 [J]. 经济理论与经济管理，2012（12）：101-111.

[243] 宋玉，陈岑. 基于上市公司信息环境的机构投资者实地调研行为研究：来自深市主板市场的经验证据 [J]. 江西财经大学学报，2017

（4）：46-56.

［244］孙健，王百强，曹丰.公司战略影响盈余管理吗？［J］.管理世界，2016（3）：160-169.

［245］孙小琰，沈悦，赵建军.投资者行为、正反馈交易与房地产价格异常波动［J］.预测，2007（5）：61-65.

［246］谭劲松，林雨晨.机构投资者对信息披露的治理效应：基于机构调研行为的证据［J］.南开管理评论，2016（19）：115-126.

［247］谭松涛，陈玉宇.投资经验能够改善股民的收益状况吗：基于股民交易记录数据的研究［J］.金融研究，2012（5）：164-178.

［248］谭松涛，崔小勇.上市公司调研能否提高分析师预测精度［J］.世界经济，2015（4）：126-145.

［249］唐大鹏，杨紫嫣，翟路萍.社保基金投资组合的定价效率和投资风险研究：基于股价同步性的实证检验［J］.经济理论与经济管理，2014，34（9）：96-112.

［250］唐松莲，袁春生.监督或攫取：机构投资者治理角色的识别研究：来自中国资本市场的经验证据［J］.管理评论，2010（8）：19-29.

［251］陶可，陈国进.机构投资者持股与股市稳定：基于泡沫，崩溃的视角与微观数据的实证研究［M］.北京：中国金融出版社，2012.

［252］陶瑜.机构投资者行为对股票市场稳定性影响研究［D］.北京：北京邮电大学，2017.

［253］王磊，季思颖，施恬.企业社会责任、年报披露及时性与信息解读效率［J］.证券市场导报，2016（1）：33-41.

［254］王大伟，刘永芳.归因风格、时间压力对购买决策影响的实验研究［J］.心理科学，2008，31（4）：905-908，913.

［255］王晋忠，张志毅.过度自信理论文献综述［J］.经济学家，2013（3）：94-99.

［256］王琨，肖星.机构投资者持股与关联方占用的实证研究［J］.南开管理评论，2005，8（2）：27-33.

［257］王鹏.投资者保护、代理成本与公司绩效［J］.经济研究，2008（2）：68-82.

［258］王擎，周伟.股票市场伦理环境与投资者模糊决策-理论与实验研究［J］.中国社会科学，2013（3）：43-64.

[259] 王珊. 投资者实地调研发回来治理功能吗？基于盈余管理视角的考察 [J]. 经济管理, 2017 (9)：180-194.

[260] 王雪, 郭庆云, 罗荣华. 基于信息网络视角的机构持股与盈余公告市场反应研究 [J]. 中国软科学, 2018, 335 (11)：177-188.

[261] 温来成, 彭羽, 王涛. 构建多元化投融资体系服务国家 "一带一路" 倡议 [J]. 税务研究, 2016 (3)：22-27.

[262] 信恒占. 机构投资者异质性, 持股持续期与公司业绩 [J]. 山西财经大学学报, 2017, 39 (4)：117-129.

[263] 徐浩峰, 朱松. 机构投资者与股市泡沫的形成 [J]. 中国管理科学, 2012, 20 (4)：18-26.

[264] 许年行, 于上尧, 伊志宏. 机构投资者羊群行为与股价崩盘风险 [J]. 管理世界, 2013 (7)：31-43.

[265] 杨海燕, 韦德洪, 孙健. 机构投资者持股能提高上市公司会计信息质量吗？兼论不同类型投资者的差异 [J]. 会计研究, 2012 (9)：16-23.

[266] 杨海燕, 韦德洪. 理论与实务相得益彰的中国会计研究：中国会计学会 2013 年学术年会综述 [J]. 会计研究, 2013 (9)：90-92.

[267] 杨鸣京, 程小可, 李昊洋. 机构投资者调研, 公司特征与企业创新绩效 [J]. 当代财经, 2018 (2)：84-93.

[268] 姚颐, 刘志远, 相二卫. 中国基金在投资中是否追求了价值？[J]. 经济研究, 2011 (12)：45-58.

[269] 姚宇航, 林宇鹏, 吴庆祥. 机构投资者行为对股票价格波动性的影响：基于大盘股和小盘股的实证研究 [J]. 价值工程, 2019, 38 (20)：98-100

[270] 叶建芳, 李丹蒙, 丁琼. 真实环境下机构投资者持股与公司透明度研究：基于遗漏变量与互为因果的内生性检验分析视角 [J]. 财经研究, 2009, 35 (1)：49-60.

[271] 尹海员, 吴兴颖. 投资者高频情绪对股票日内收益率的预测作用 [J]. 中国工业经济, 2018 (8)：80-98.

[272] 游家兴, 汪立琴. 机构投资者、公司特质信息与股价波动同步性：基于 R^2 的研究视角 [J]. 南方经济, 2012, 11 (11)：89-101.

[273] 余明桂, 李文贵, 潘红波. 管理者过度自信与企业风险承担

［J］．金融研究，2013（1）：149-163．

［274］余怒涛，赵立萍，张华玉．机构投资者能抑制盈余管理吗？基于退出威胁视角的经验证据［J］．财务研究，2020（1）：79-90．

［275］俞红海，徐龙炳，陈百助．终极控股股东控制权与自由现金流过度投资［J］．经济研究，2010（8）：103-114．

［276］张成娟．国有上市公司自愿信息披露的影响因素［D］．成都：西南石油大学，2015．

［277］张涵，郭彬，李莉．债市信息下的股票收益预测：基于Bootstrap小样本检验分析［J］．系统工程，2018（11）：31-45．

［278］张红力．中国金融业前瞻沿着一带一路走出去［J］．人民论坛·学术前沿，2015（9）：30-38．

［279］张荣武，刘文秀．管理者过度自信与盈余管理的实证研究［J］．财经理论与实践，2008（1）：72-77．

［280］张蕊，管考磊．高管侵占型职务犯罪、机构投资者与市场反应：来自中国上市公司的经验证据［J］．会计研究，2017（12）：52-58．

［281］张淑君．儒学知行观与马克思主义认识论的思想比较［J］．山东社会科学，2015（S2）：37-40．

［282］张婷．基于利益相关者理论的我国基金管理公司治理研究［J］．投资研究，2017（8）：117-128．

［283］张婷婷，李延喜，曾伟强．媒体关注下上市公司盈余管理行为的差异研究：一种治理盈余管理的新途径［J］．管理评论，2018（2）：25-41．

［284］张璇，周鹏，李春涛．卖空与盈余质量：来自财务重述的证据［J］．金融研究，2016（8）：175-190．

［285］张谊浩，陈柳钦．投资者认知偏差研究综述［J］．浙江社会科学，2004（2）：195-202．

［286］张勇，殷俊明．投资者实地调研活动能够促进企业创新吗：来自深市上市公司的经验证据［J］．山西财经大学学报，2018（8）：94-109．

［287］张宗新，吴钊颖．媒体情绪传染与分析师乐观偏差：基于机器学习文本分析方法的经验证据［J］．管理世界，2021，37（1）：170-185．

［288］张宗新，张晓荣，廖士光．上市公司自愿性信息披露行为有效吗？基于1998—1003年中国证券市场的检验［J］．经济学（季刊），2005

（1）：369-386.

[289] 赵磊. 机构调研的外部公司治理效应及其影响研究 [D]. 武汉：中南财经政法大学，2018.

[290] 赵龙凯，江嘉骏，余音. 文化、制度与合资企业盈余管理 [J]. 金融研究，2016（5）：138-155.

[291] 周小川. 全面深化金融业改革开放加快完善金融市场体系 [J]. 中国金融家，2013（12）：38-41.

[292] 周炫. 浅谈中国传统文化中的非理性特征 [J]. 广东农工商职业技术学院学报，2008，24（4）：74-78.

[293] 周学农，彭丹. 机构投资者对中国股市波动性影响的实证研究 [J]. 系统工程，2007（12）：58-62.

附　录

附录A　机构投资者调研信息词库

财务类
注销，增资，再融资，市值，融资，全资，租赁，租金，总收入，总额，自有资金，资产评估，资产管理，资产，资本，装备，专利，注册资本，主营业务，主营，主业，中标，中报，知识产权，支付现金，支付，征信，折旧费，折旧，招投标，招标，账款，账户，占有率，占有，占比，债券，增值税，增值，增长速度，增长率，增长幅度，增长点，增长，增速放缓，增速，增幅，造价，在建，运维，原材料，员工，预增，预算，预收，用户，佣金，应收账款，应收款，应收，应付，营业税，营销，营收，盈利状况，盈利能力，盈利模式，盈利，业务收入，业务量，业务，业绩，研制，研发，需求量，需求，性价比，信用，薪酬，新品，新建，效益，效率，销售收入，销售渠道，销售量，销售价格，销售费用，销售额，销售，销量，项目，现金流，现金，维修，维护费，外销，退税，土地储备，土地，投资收益，投资价值，投资计划，投资，投入产出，投入，投产，同业，同期相比，同期，同行业，同比，提供商，摊销，所得税，损益，损失，税务，税收，售价，售后服务，售后，授信额度，授权，受益，收益率，收益，收入，收费，市场占有率，市场营销，市场需求，市场推广，市场份额，生产效率，生产线，生产能力，生产经营，生产成本，审计，设备，三季报，人民币汇率，人民币，人力资源，人力成本，人工成本，人工，权益，去年同期，评估，票据，年收入，年度报告，年报，能耗，募投，毛利润，毛利率，毛利，流动资金，零售，利用率，利益，利润率，利润分配，利润，利率，劳动力成本，亏损，快报，客户资源，客户需求，客户群，客户，科研，开支，开工，开发，竣工，竞争能力，竞争力，竞争对手，净资产，净利润，经营状况，经营业绩，经营收入，经营情况，经营成本，经销商，经销，经济效益，金融资产，金融，金额，结转，结算，交货，交付，降价，降低成本，降本增效，建设项目，建成投产，减值，价格下降，价格上涨，价格波动，价格，加工费，季报，技术人员，技术开发，技术改造，技术创新，技改，计提，基数，基础设施，会计师，汇率风险，汇率，回收，回款，回报，坏账，合同，合格率，耗材，行业地位，行业，国家税收，广告投放，广告，管理费用，关联，固定资产投资，固定资产，股份，股东权益，估值，购买，供应商，供应链，供货，公司债券，公司员工，公司业绩，公司简介，公司基本情况，公司股票，工程项目，工程，高速增长，高收益，付款，付费，服务提供商，服务商，份额，份额，分配，分红，分成，费用，费率，发货，多元化，短期投资，定价，订货，订单，电价，单价，担保，贷款，存货，出资，出售，出口退税，出口，持续增长，成本上升，成本，超募，产值，产销量，产销，产品质量，产品销售，产品线，产品开发，产品价格，产品成本，产品，产能，产量，仓储，采购额，采购，财务总监，财务状况，财务指标，财务数据，财务决算，财务管理，财务费用，财务报表，补贴，变现，报酬，报表，半年报

公司治理
总经理，总裁，治理，制度，信息披露，投资者，审议，期权，披露，领导，监事会，激励机制，激励，会议纪要，管理制度，管理系统，管理团队，管理体系，管理水平，管理人员，管理模式，管理工作，管理层，管理，股权结构，股价，股东会，股东大会，股东，公司公告，公司法人，高管，高层领导，副总经理，副董事长，董事会，董秘，增持，减持

资本运作
注入，证券化，资源整合，资源配置，资金来源，资产重组，资本运作，重组，整合，招股书，招股，增募，增发，运作，新股，项目选择，托管，投资项目，投资理念，投资机会，投行，特许加盟，收购，上市，认购，募集，控股公司，控股，可转债，竞购，兼并，加盟店，机构投资者，回购，合作项目，合作伙伴，合作，合资，合并，海外并购，国企改革，股权，股票，股改，分拆，发行股票，发行，对外投资，创投，持股，参股，剥离，并购，保荐人

乐观情绪
上升，加强，提升，加强，推进，提高，持续，进一步，积极，生产，加快，优化，完善，加大，升级，强化，增长，打造，推动，全面，改革，坚持，整合，做好，促进，快速，增加，增强，扩大，确保，深化，发挥，优质，支持，更加，开拓，深入，大力，加速，力争，推广，把握，高效，满足，充分发挥，适应，引进，充分，争取，激励，丰富，鼓励，精准，活力，挖掘，主动，引导，稳步，继续加强，提质，有序，深耕，进步，完整，努力实现，促使，稳中求进，盘活，狠抓，不断完善，化解，吸引，不断扩大，回升，示范，较高，广泛，积极开展，不断加强，成功，长效机制，良性，积极参与，坚实，坚定，标杆，紧抓，激活，较强，适当，美好，坚定不移，积极性，增多，振兴，前瞻性，突破口，显现，回暖，抢占，优势，领先，良好，改善，巩固，稳健，先进，特色，充分利用，实力，夯实，引领，做强，一流，成熟，优秀，降本增效，降低成本，领先地位，同比增加，稳步增长

悲观情绪
无法，产能过剩，难以，严控，增速放缓，低于，缺乏，缓慢，下行，制约，收紧，限额，不可，下降，减少，不足，不良资产，瓶颈，过剩，消耗，差距，底线，压力，防范，风险，降低，不确定性，加剧，波动，经营风险，市场风险，不利，放缓，困难，冲击，下滑，严峻，损失，严重，难度，低迷，流动性风险，预警，日趋激烈，经济下行

社会热点
租售同权，中超，智能家居，智能机器，智能电网，智能电视，智能穿戴，智慧城市，证金持股，长株潭，长江三角，债转股，在线旅游，在线教育，云计算，粤港自贸，预盈预增，预亏预减，油气设服，油价相关，油改，移动支付，医疗器械，一带一路，页岩气，养老金，虚拟现实，雄安新区，新三板，新能源车，新能源，新材料，小金属，稀土永磁，物联网，无人驾驶，无人机，网络游戏，网络安全，网红直播，皖江区域，土地流转，通用航空，铁路基建，体育产业，腾安，特斯拉，钛白粉，太阳能，送转预期，水利建设，手游，食品安全，石墨烯，生物疫苗，生物识别，生态农业，深股通，深港通，社保重仓，上海自贸，人脑工程，人工智能，燃料电池，券商，全息技术，区块链，免疫治疗，美丽中国，煤化工，量子通信，锂电池，蓝宝石，可燃冰，壳资源，军民融合，精准医疗，京津冀，节能环保，健康中国，基因测序，基金重仓，基本金属，机构重仓，黄金，化工原料，沪企改革，沪股通，沪港通，互联金融，核电核电，海洋经济，海绵城市，海工装备，国企改革，国家安防，国产芯片，国产软件，股权转让，股权激励，共享经济，工业4.0，高送转，氟化工，风能，二胎，电商，地热能，迪士尼，单抗，大数据，大飞机，次新股，创业成分，创业板综，创投，触摸屏，充电桩，成渝特区，车联网，超级品牌，超级电容，病毒防治，滨海新区，贬值受益，北京冬奥，北斗导航，阿里，QFII重仓，PPP模式，MSCI中国，5G，3D打印，3D玻璃，2025规划

附录 B　随机词库的 10 次单独回归的相关表格①

附表 4-1　第 2 次随机词库抽取结果

变量	$\Delta ShareProportion$	
	(1)	(2)
Neg-news	−0.234 *** (−2.972)	
Tone		0.087 *** (2.972)
ROA	2.761 *** (4.276)	2.807 *** (4.343)
Lev	0.183 (0.593)	0.142 (0.462)
Tobin	−0.034 (−1.297)	−0.041 (−1.543)
Size	−0.137 *** (−3.643)	−0.135 *** (−3.589)
BM	−0.016 (−0.703)	−0.014 (−0.624)
Fund Size	0.058 ** (2.561)	0.058 ** (2.551)
Fund Age	−0.018 (−1.596)	−0.018 (−1.600)
Herding	0.689 (1.087)	0.798 (1.252)
Market	0.020 (0.298)	0.009 (0.127)
Constant	1.732 * (1.794)	1.521 (1.579)
基金类型	YES	YES
$Adj\text{-}R^2$	0.011	0.011
N	2 495	2 495

注: * , ** , *** 分别代表在 10%，5%和 1%的水平上显著，下同。

———————————

① 该附录中附表的编号与相应的章序保持一致，如附表 4-1~附表 4-9 为第 4 章的重复检验结果，下同。

附表 4-2　第 3 次随机词库抽取结果

变量	ΔShareProportion	
	（1）	（2）
Neg-news	−0.227*** (−2.896)	
Tone		0.081*** (2.722)
ROA	2.678*** (4.149)	2.781*** (4.304)
Lev	0.189 (0.611)	0.150 (0.486)
Tobin	−0.034 (−1.305)	−0.039 (−1.502)
Size	−0.139*** (−3.665)	−0.135*** (−3.578)
BM	−0.017 (−0.768)	−0.014 (−0.620)
Fund Size	0.057** (2.517)	0.058** (2.528)
Fund Age	−0.017 (−1.560)	−0.017 (−1.587)
Herding	0.815 (1.276)	0.776 (1.216)
Market	0.019 (0.293)	0.015 2 (0.224)
Constant	1.775* (1.835)	1.529 (1.587)
基金类型	YES	YES
$Adj\text{-}R^2$	0.011	0.011
N	2 495	2 495

附表 4-3　第 4 次随机词库抽取结果

变量	$\Delta ShareProportion$	
	（1）	（2）
Neg−news	−0.109 （−1.418）	
Tone		0.095 *** （3.199）
ROA	2.776 *** （4.283）	2.869 *** （4.433）
Lev	0.124 （0.401）	0.169 （0.549）
Tobin	−0.036 （−1.380）	−0.041 （−1.542）
Size	−0.131 *** （−3.470）	−0.139 *** （−3.686）
BM	−0.013 （−0.602）	−0.014 （−0.625）
Fund Size	0.057 ** （2.489）	0.058 ** （2.549）
Fund Age	−0.018 （−1.604）	−0.018 （−1.607）
Herding	0.628 （0.988）	0.771 （1.213）
Market	0.050 （0.746）	0.002 （0.022）
Constant	1.609 * （1.664）	1.612 * （1.673）
基金类型	YES	YES
Adj−R²	0.009	0.012
N	2 495	2 495

变量	$\Delta ShareProportion$	
	（1）	（2）
Neg-news	−0.200 ** （−2.527）	
Tone		0.077 *** （2.589）
ROA	2.725 *** （4.220）	2.795 *** （4.323）
Lev	0.172 （0.556）	0.136 （0.441）
Tobin	−0.034 （−1.287）	−0.039 （−1.493）
Size	−0.136 *** （−3.591）	−0.133 *** （−3.533）
BM	−0.016 （−0.728）	−0.012 （−0.559）
Fund Size	0.058 ** （2.526）	0.058 ** （2.533）
Fund Age	−0.018 （−1.589）	−0.018 （−1.621）
Herding	0.663 （1.046）	0.764 （1.198）
Market	0.033 （0.498）	0.020 （0.302）
Constant	1.702 * （1.761）	1.490 （1.546）
基金类型	YES	YES
$Adj\text{-}R^2$	0.010	0.010
N	2 495	2 495

附表 4-5　第 6 次随机词库抽取结果

变量	$\Delta ShareProportion$	
	(1)	(2)
Neg-news	-0.292*** (-3.825)	
Tone		0.058* (1.944)
ROA	2.662*** (4.128)	2.747*** (4.249)
Lev	0.212 (0.687)	0.116 (0.375)
Tobin	-0.033 (-1.265)	-0.039 (-1.486)
Size	-0.138*** (-3.664)	-0.133*** (-3.514)
BM	-0.018 (-0.809)	-0.011 (-0.516)
Fund Size	0.060*** (2.628)	0.058** (2.520)
Fund Age	-0.018 (-1.640)	-0.018 (-1.612)
Herding	0.866 (1.360)	0.704 (1.104)
Market	-0.005 (-0.067)	0.039 (0.584)
Contsant	1.725* (1.790)	1.518 (1.574)
基金类型	YES	YES
Adj-R^2	0.014	0.009
N	2 495	2 495

附表 4-6　第 7 次随机词库抽取结果

变量	$\Delta ShareProportion$	
	（1）	（2）
Neg-news	−0.191 ** (−2.386)	
Tone		0.092 *** (3.197)
ROA	2.718 *** (4.208)	2.770 *** (4.291)
Lev	0.162 (0.525)	0.147 (0.479)
Tobin	−0.035 (−1.342)	−0.039 (−1.496)
Size	−0.137 *** (−3.625)	−0.137 *** (−3.638)
BM	−0.015 (−0.677)	−0.013 (−0.601)
Fund Size	0.057 ** (2.492)	0.058 ** (2.527)
Fund Age	−0.017 (−1.567)	−0.017 (−1.583)
Herding	0.674 (1.062)	0.757 (1.192)
Market	0.036 (0.552)	0.002 (0.024)
Constant	1.757 * (1.814)	1.569 (1.629)
基金类型	YES	YES
$Adj\text{-}R^2$	0.010	0.012
N	2 495	2 495

附表 4-7　第 8 次随机词库抽取结果

变量	ΔShareProportion	
	（1）	（2）
Neg-news	−0. 231 *** （−2. 887）	
Tone		0. 084 *** （2. 866）
ROA	2. 716 *** （4. 209）	2. 798 *** （4. 329）
Lev	0. 171 （0. 553）	0. 155 （0. 502）
Tobin	−0. 035 （−1. 351）	−0. 040 （−1. 508）
Size	−0. 138 *** （−3. 663）	−0. 136 *** （−3. 605）
BM	−0. 015 （−0. 674）	−0. 013 （−0. 589）
Fund Size	0. 057 ** （2. 522）	0. 058 ** （2. 543）
Fund Age	−0. 018 （−1. 588）	−0. 018 （−1. 622）
Herding	0. 699 （1. 102）	0. 775 （1. 217）
Market	0. 024 （0. 360）	0. 011 （0. 162）
Constant	1. 779 * （1. 839）	1. 537 （1. 596）
基金类型	YES	YES
Adj-R²	0. 011	0. 011
N	2 495	2 495

附表 4-8　第 9 次随机词库抽取结果

变量	$\Delta ShareProportion$	
	（1）	（2）
Neg-news	−0. 179 ** （−2. 264）	0. 092 *** （3. 064）
Tone		
ROA	2. 733 *** （4. 230）	2. 821 *** （4. 364）
Lev	0. 162 （0. 523）	0. 144 （0. 467）
Tobin	−0. 034 （−1. 305）	−0. 040 （−1. 521）
Size	−0. 135 *** （−3. 565）	−0. 135 *** （−3. 577）
BM	−0. 015 （−0. 682）	−0. 013 （−0. 600）
Fund Size	0. 057 ** （2. 500）	0. 058 ** （2. 555）
Fund Age	−0. 018 （−1. 584）	−0. 018 （−1. 605）
Herding	0. 649 （1. 023）	0. 790 （1. 241）
Market	0. 037 （0. 562）	0. 004 （0. 055）
Constant	1. 693 * （1. 751）	1. 503 （1. 560）
基金类型	YES	YES
$Adj\text{-}R^2$	0. 010	0. 012
N	2 495	2 495

附表 4-9　第 10 次随机词库抽取结果

变量	$\Delta ShareProportion$	
	（1）	（2）
Neg-news	−0.195 ** (−2.494)	
Tone		0.092 *** (2.997)
ROA	2.728 *** (4.225)	2.820 *** (4.362)
Lev	0.162 (0.523)	0.148 (0.482)
Tobin	−0.036 (−1.353)	−0.039 (−1.486)
Size	−0.136 *** (−3.606)	−0.134 *** (−3.557)
BM	−0.014 (−0.645)	−0.013 (−0.586)
Fund Size	0.056 ** (2.470)	0.057 ** (2.521)
Fund Age	−0.018 (−1.596)	−0.018 (−1.596)
Herding	0.676 (1.066)	0.733 (1.154)
Market	0.036 (0.541)	0.008 (0.115)
Constant	1.749 * (1.807)	1.511 (1.569)
基金类型	YES	YES
$Adj\text{-}R^2$	0.01	0.011
N	2 495	2 495

变量	ZXHY				
	（1）	（2）	（3）	（4）	（5）
Confu（北方）	4. 624 ** (2. 035)				
Confu（南方）		1. 035 (1. 454)			
Governance			0. 188 ** (2. 149)		
Earnings				1. 667 *** (5. 776)	
Nature					0. 323 *** (3. 674)
ROA	1. 321 (1. 464)	1. 126 (1. 169)	1. 789 ** (2. 036)	1. 917 ** (2. 173)	1. 482 * (1. 688)
Lev	−0. 004 (−0. 049)	1. 064 ** (2. 226)	1. 075 *** (2. 584)	0. 956 ** (2. 279)	1. 123 *** (2. 692)
Tobin	−0. 263 ** (−2. 288)	0. 054 (1. 355)	0. 041 (1. 139)	0. 034 (0. 958)	0. 050 (1. 406)
Size	−0. 141 * (−1. 943)	−0. 163 *** (−2. 802)	−0. 175 *** (−3. 434)	−0. 170 *** (−3. 32)	−0. 175 *** (−3. 426)
BM	0. 154 * (1. 856)	−0. 079 ** (−2. 365)	−0. 094 *** (−3. 135)	−0. 102 *** (−3. 368)	−0. 102 *** (−3. 400)
Fund Size	−0. 023 (−0. 661)	0. 063 * (1. 841)	0. 069 ** (2. 124)	0. 093 *** (2. 989)	0. 093 *** (3. 010)
Fund Age	0. 190 (0. 085)	−0. 038 ** (−2. 220)	−0. 027 * (−1. 793)	−0. 023 (−1. 546)	−0. 024 (−1. 602)
Herding	−0. 351 * (−1. 800)	0. 856 (0. 913)	0. 628 (0. 735)	0. 276 (0. 321)	0. 470 (0. 549)
Market	0. 312 (1. 341)	−0. 133 (−1. 407)	−0. 170 ** (−2. 027)	−0. 281 *** (−3. 228)	−0. 161 * (−1. 910)
Gender	−0. 443 (−1. 161)	0. 245 ** (2. 033)	0. 237 ** (2. 259)	0. 248 ** (2. 347)	0. 227 ** (2. 155)
Degree	−0. 438 (−0. 883)	−0. 061 (−0. 190)	−0. 256 (−1. 085)	−0. 270 (−1. 138)	−0. 215 (−0. 913)

变量	ZXHY				
	（1）	（2）	（3）	（4）	（5）
Constant	12.810 (1.024)	1.668 (1.117)	2.436* (1.814)	2.057 (1.543)	1.894 (1.427)
基金类型	YES	YES	YES	YES	YES
Pseudo R²	0.041	0.012	0.016	0.025	0.017
N	509	1 986	2 495	2 495	2 495

注：上述回归是二元的 logstic 回归。*ZXHY* 为哑变量，＊，＊＊，＊＊＊ 分别代表在 10%，5% 和 1% 的水平上显著（双尾检测）；*Confu*（北方）为北方地区样本，*Confu*（南方）为南方地区样本。下同。

附表 5-2   第 3 次随机抽取词库后回归的结果

变量	ZXHY				
	（1）	（2）	（3）	（4）	（5）
Confu（北方）	4.563** (2.011)				
Confu（南方）		0.784 (1.103)			
Governance			0.184** (2.102)		
Earnings				1.669*** (5.787)	
Nature					0.295*** (3.359)
ROA	0.871 (0.973)	1.330 (1.382)	1.945** (2.214)	2.080** (2.357)	1.654* (1.885)
Lev	−0.071 (−0.825)	1.079** (2.257)	1.011** (2.431)	0.891** (2.124)	1.053** (2.527)
Tobin	−0.323*** (−2.805)	0.053 (1.337)	0.029 (0.818)	0.023 (0.632)	0.038 (1.069)
Size	−0.089 (−1.243)	−0.166*** (−2.862)	−0.189*** (−3.697)	−0.184*** (−3.584)	−0.188*** (−3.680)

变量	ZXHY				
	（1）	（2）	（3）	（4）	（5）
BM	0.108 (1.307)	-0.085** (-2.544)	-0.090*** (-3.001)	-0.098*** (-3.234)	-0.097*** (-3.243)
Fund Size	-0.017 (-0.496)	0.071** (2.053)	0.069** (2.126)	0.093*** (2.974)	0.093*** (2.986)
Fund Age	0.761 (0.343)	-0.040** (-2.352)	-0.027* (-1.817)	-0.024 (-1.567)	-0.025* (-1.651)
Herding	-0.271 (-1.389)	1.000 (1.067)	0.835 (0.977)	0.488 (0.567)	0.688 (0.804)
Market	0.322 (1.386)	-0.111 (-1.175)	-0.137 (-1.632)	-0.248*** (-2.846)	-0.128 (-1.519)
Gender	-0.576 (-1.496)	0.213* (1.771)	0.228** (2.174)	0.238** (2.261)	0.218** (2.077)
Degree	-0.691 (-1.388)	-0.042 (-0.131)	-0.314 (-1.326)	-0.327 (-1.379)	-0.277 (-1.171)
Constant	23.867* (1.908)	1.638 (1.097)	2.871** (2.138)	2.504* (1.880)	2.347* (1.769)
基金类型	YES	YES	YES	YES	YES
Pseudo R^2	0.038	0.012	0.015	0.024	0.017
N	509	1 986	2 495	2 495	2 495

附表5-3　第4次随机抽取词库后回归的结果

变量	ZXHY				
	（1）	（2）	（3）	（4）	（5）
Confu（北方）	5.215** (2.263)				
Confu（南方）		0.775 (1.090)			
Governance			0.200** (2.289)		
Earnings				1.680*** (5.819)	

变量	ZXHY				
	(1)	(2)	(3)	(4)	(5)
Nature					0.293*** (3.333)
ROA	1.231 (1.361)	1.010 (1.049)	1.770** (2.014)	1.889** (2.141)	1.465* (1.670)
Lev	−0.034 (−0.384)	1.014** (2.123)	1.039** (2.497)	0.917** (2.186)	1.079*** (2.587)
Tobin	−0.307*** (−2.647)	0.054 (1.351)	0.038 (1.066)	0.032 (0.890)	0.047 (1.325)
Size	−0.123* (−1.691)	−0.151*** (−2.610)	−0.175*** (−3.430)	−0.169*** (−3.306)	−0.174*** (−3.401)
BM	0.156* (1.875)	−0.083** (−2.484)	−0.096*** (−3.209)	−0.104*** (−3.445)	−0.104*** (−3.449)
Fund Size	−0.015 (−0.446)	0.061* (1.760)	0.068** (2.093)	0.094*** (3.002)	0.093*** (3.012)
Fund Age	0.769 (0.343)	−0.036** (−2.109)	−0.023 (−1.547)	−0.020 (−1.306)	−0.021 (−1.399)
Herding	−0.339* (−1.728)	0.859 (0.917)	0.709 (0.828)	0.351 (0.408)	0.555 (0.649)
Market	0.398* (1.704)	−0.124 (−1.299)	−0.162* (−1.931)	−0.273*** (−3.139)	−0.152* (−1.812)
Gender	−0.423 (−1.107)	0.229* (1.900)	0.245** (2.335)	0.256** (2.424)	0.235** (2.241)
Degree	−0.430 (−0.859)	−0.040 (−0.126)	−0.252 (−1.067)	−0.266 (−1.123)	−0.216 (−0.917)
Constant	16.402 (1.305)	1.503 (1.007)	2.470* (1.839)	2.060 (1.546)	1.904 (1.435)
基金类型	YES	YES	YES	YES	YES
Pseudo R^2	0.045	0.011	0.016	0.025	0.018
N	509	1 986	2 495	2 495	2 495

变量	ZXHY				
	(1)	(2)	(3)	(4)	(5)
Confu（北方）	5.869** (2.473)				
Confu（南方）		1.121 (1.579)			
Governance			0.183** (2.097)		
Earnings				2.019*** (6.930)	
Nature					0.233*** (2.651)
ROA	0.704 (0.763)	0.476 (0.496)	1.354 (1.543)	1.539* (1.742)	1.090 (1.244)
Lev	−0.079 (−0.884)	0.694 (1.457)	0.654 (1.577)	0.505 (1.203)	0.683* (1.644)
Tobin	−0.267** (−2.260)	0.032 (0.815)	0.013 (0.375)	0.005 (0.125)	0.021 (0.595)
Size	−0.106 (−1.439)	−0.101* (−1.750)	−0.123** (−2.416)	−0.118** (−2.297)	−0.121** (−2.372)
BM	0.231*** (2.742)	−0.064* (−1.908)	−0.079*** (−2.636)	−0.088*** (−2.916)	−0.085*** (−2.827)
Fund Size	−0.025 (−0.706)	0.051 (1.475)	0.079** (2.447)	0.104*** (3.331)	0.102*** (3.298)
Fund Age	0.154 (0.068)	−0.031* (−1.821)	−0.020 (−1.361)	−0.015 (−1.025)	−0.019 (−1.263)
Herding	−0.308 (−1.537)	1.756* (1.876)	1.277 (1.493)	0.876 (1.016)	1.147 (1.341)
Market	0.155 (0.648)	−0.163* (−1.729)	−0.180** (−2.151)	−0.316*** (−3.623)	−0.172** (−2.049)
Gender	−0.226 (−0.590)	0.201* (1.678)	0.164 (1.572)	0.176* (1.675)	0.156 (1.495)
Degree	−0.290 (−0.575)	−0.217 (−0.676)	−0.283 (−1.195)	−0.298 (−1.251)	−0.255 (−1.080)

变量	ZXHY				
	（1）	（2）	（3）	（4）	（5）
Constant	7.368 (0.576)	0.770 (0.517)	1.244 (0.928)	0.877 (0.657)	0.734 (0.554)
基金类型	YES	YES	YES	YES	YES
Pseudo R²	0.047	0.010	0.014	0.027	0.015
N	509	1 986	2 495	2 495	2 495

附表5-5　第6次随机抽取词库后回归的结果

变量	ZXHY				
	（1）	（2）	（3）	（4）	（5）
Confu（北方）	4.870** (2.128)				
Confu（南方）		0.819 (1.151)			
Governance			0.182** (2.077)		
Earnings				1.676*** (5.804)	
Nature					0.304*** (3.458)
ROA	1.102 (1.222)	1.159 (1.203)	1.820** (2.070)	1.956** (2.216)	1.526* (1.737)
Lev	−0.078 (−0.900)	1.098** (2.295)	1.056** (2.536)	0.937** (2.232)	1.100*** (2.636)
Tobin	−0.362*** (−3.121)	0.059 (1.470)	0.034 (0.940)	0.027 (0.754)	0.043 (1.194)
Size	−0.112 (−1.548)	−0.171*** (−2.943)	−0.197*** (−3.848)	−0.192*** (−3.740)	−0.196*** (−3.838)
BM	0.181** (2.158)	−0.085** (−2.525)	−0.094*** (−3.136)	−0.102*** (−3.371)	−0.103*** (−3.385)
Fund Size	−0.014 (−0.41)	0.076** (2.205)	0.084*** (2.583)	0.108*** (3.449)	0.107*** (3.460)

变量	ZXHY				
	（1）	（2）	（3）	（4）	（5）
Fund Age	0.448 (0.200)	−0.044*** (−2.626)	−0.030** (−2.018)	−0.027* (−1.766)	−0.028* (−1.841)
Herding	−0.277 (−1.411)	0.843 (0.899)	0.662 (0.774)	0.310 (0.361)	0.512 (0.598)
Market	0.196 (0.840)	−0.095 (−1.010)	−0.130 (−1.545)	−0.241*** (−2.766)	−0.120 (−1.431)
Gender	−0.588 (−1.518)	0.234* (1.943)	0.211** (2.011)	0.221** (2.098)	0.201* (1.913)
Degree	−0.580 (−1.158)	0.059 (0.184)	−0.252 (−1.065)	−0.265 (−1.118)	−0.213 (−0.905)
Constant	21.427* (1.705)	1.521 (1.018)	2.702** (2.011)	2.340* (1.755)	2.182* (1.643)
基金类型	YES	YES	YES	YES	YES
Pseudo R^2	0.046	0.013	0.017	0.025	0.019
N	509	1 986	2 495	2 495	2 495

附表 5-6　第 7 次随机抽取词库后回归的结果

变量	ZXHY				
	（1）	（2）	（3）	（4）	（5）
Confu（北方）	3.904* (1.731)				
Confu（南方）		0.842 (1.184)			
Governance			0.150* (1.718)		
Earnings				1.616*** (5.607)	
Nature					0.310*** (3.530)
ROA	0.383 (0.428)	0.777 (0.807)	1.347 (1.535)	1.493* (1.695)	1.076 (1.227)

变量	ZXHY				
	（1）	（2）	（3）	（4）	（5）
Lev	−0.122 （−1.415）	0.948** （1.985）	0.775* （1.866）	0.656 （1.569）	0.822** （1.976）
Tobin	−0.325*** （−2.823）	0.046 （1.168）	0.013 （0.368）	0.060 （0.166）	0.022 （0.606）
Size	−0.057 （−0.793）	−0.134** （−2.308）	−0.161*** （−3.152）	−0.157*** （−3.061）	−0.162*** （−3.166）
BM	0.156* （1.875）	−0.074** （−2.213）	−0.072** （−2.426）	−0.080*** （−2.648）	−0.080*** （−2.681）
Fund Size	−0.014 （−0.405）	0.075** （2.166）	0.080** （2.454）	0.100*** （3.197）	0.100*** （3.217）
Fund Age	−0.149 （−0.067）	−0.043** （−2.529）	−0.030** （−1.984）	−0.026* （−1.720）	−0.027* （−1.775）
Herding	−0.391** （−2.003）	1.343 （1.433）	0.951 （1.112）	0.620 （0.722）	0.809 （0.945）
Market	0.322 （1.381）	−0.122 （−1.296）	−0.173** （−2.066）	−0.282*** （−3.241）	−0.165** （−1.966）
Gender	−0.573 （−1.495）	0.242** （2.004）	0.247** （2.357）	0.257** （2.442）	0.237** （2.256）
Degree	−0.696 （−1.396）	−0.051 （−0.158）	−0.280 （−1.185）	−0.291 （−1.231）	−0.239 （−1.013）
Constant	20.647* （1.652）	0.789 （0.529）	2.001 （1.491）	1.709 （1.283）	1.555 （1.172）
基金类型	YES	YES	YES	YES	YES
Pseudo R^2	0.044	0.012	0.015	0.024	0.018
N	509	1 986	2 495	2 495	2 495

附表 5-7　第 8 次随机抽取词库后回归的结果

变量	ZXHY				
	（1）	（2）	（3）	（4）	（5）
Confu（北方）	4.609** (1.989)				
Confu（南方）		0.768 (1.080)			
Governance			0.175** (2.002)		
Earnings				1.681*** (5.819)	
Nature					0.292*** (3.316)
ROA	0.184 (0.203)	−0.045 (−0.046)	0.800 (0.906)	0.921 (1.045)	0.509 (0.580)
Lev	−0.171* (−1.955)	0.660 (1.385)	0.537 (1.293)	0.406 (0.971)	0.577 (1.389)
Tobin	−0.387*** (−3.306)	0.035 (0.889)	−0.002 (−0.043)	−0.009 (−0.247)	0.007 (0.200)
Size	−0.047 (−0.649)	−0.104* (−1.800)	−0.149*** (−2.922)	−0.144*** (−2.805)	−0.148*** (−2.909)
BM	0.123 (1.470)	−0.062* (−1.847)	−0.064** (−2.140)	−0.071** (−2.369)	−0.071** (−2.380)
Fund Size	−0.012 (−0.337)	0.082** (2.385)	0.083*** (2.559)	0.106*** (3.397)	0.106*** (3.405)
Fund Age	0.985 (0.436)	−0.039** (−2.318)	−0.026* (−1.735)	−0.022 (−1.475)	−0.024 (−1.567)
Herding	−0.455** (−2.303)	2.129** (2.270)	1.789** (2.087)	1.450* (1.682)	1.646* (1.919)
Market	0.153 (0.647)	−0.150 (−1.588)	−0.206** (−2.451)	−0.319*** (−3.656)	−0.197** (−2.344)
Gender	−0.763* (−1.922)	0.262** (2.176)	0.220** (2.104)	0.231** (2.190)	0.211** (2.007)
Degree	−0.814 (−1.605)	−0.149 (−0.463)	−0.420* (−1.767)	−0.435* (−1.822)	−0.383 (−1.612)

变量	ZXHY				
	（1）	（2）	（3）	（4）	（5）
Constant	32.171** (2.525)	0.213 (0.143)	2.007 (1.495)	1.652 (1.239)	1.504 (1.133)
基金类型	YES	YES	YES	YES	YES
Pseudo R^2	0.055	0.012	0.017	0.026	0.019
N	509	1 986	2 495	2 495	2 495

附表 5-8　第 9 次随机抽取词库后回归的结果

变量	ZXHY				
	（1）	（2）	（3）	（4）	（5）
Confu（北方）	5.326** (2.315)				
Confu（南方）		0.627 (0.881)			
Governance			0.199** (2.281)		
Earnings				1.766*** (6.108)	
Nature					0.249*** (2.833)
ROA	0.131 (0.146)	1.345 (1.396)	1.929** (2.196)	2.068** (2.342)	1.644* (1.875)
Lev	−0.104 (−1.205)	0.941** (1.970)	0.718* (1.730)	0.586 (1.398)	0.748* (1.800)
Tobin	−0.180 (−1.568)	0.044 (1.112)	0.016 (0.436)	0.009 (0.240)	0.024 (0.673)
Size	−0.068 (−0.944)	−0.155*** (−2.672)	−0.147*** (−2.880)	−0.141*** (−2.750)	−0.144*** (−2.833)
BM	0.166** (2.002)	−0.077** (−2.286)	−0.079*** (−2.629)	−0.087*** (−2.876)	−0.085*** (−2.834)
Fund Size	−0.024 (−0.700)	0.069** (2.012)	0.079** (2.426)	0.105*** (3.353)	0.104*** (3.342)

变量	ZXHY				
	(1)	(2)	(3)	(4)	(5)
Fund Age	0.416 (0.186)	−0.039** (−2.312)	−0.026* (−1.732)	−0.022 (−1.472)	−0.024 (−1.63)
Herding	−0.148 (−0.756)	1.097 (1.171)	0.800 (0.936)	0.429 (0.500)	0.660 (0.772)
Market	0.444* (1.912)	−0.100 (−1.060)	−0.101 (−1.209)	−0.218** (−2.501)	−0.092 (−1.096)
Gender	−0.479 (−1.255)	0.234* (1.942)	0.255** (2.436)	0.267** (2.531)	0.247** (2.356)
Degree	−0.172 (−0.345)	−0.052 (−0.161)	−0.307 (−1.301)	−0.322 (−1.359)	−0.278 (−1.180)
Constant	5.316 (0.425)	1.463 (0.980)	1.695 (1.264)	1.280 (0.961)	1.141 (0.861)
基金类型	YES	YES	YES	YES	YES
Pseudo R^2	0.034	0.012	0.015	0.024	0.016
N	509	1 986	2 495	2 495	2 495

附表 5-9 第 10 次随机抽取词库后回归的结果

变量	ZXHY				
	(1)	(2)	(3)	(4)	(5)
Confu（北方）	5.068** (2.219)				
Confu（南方）		1.054 (1.482)			
Governance			0.165* (1.896)		
Earnings				1.578*** (5.486)	
Nature					0.310*** (3.528)
ROA	0.837 (0.934)	1.262 (1.310)	1.944** (2.215)	2.079** (2.360)	1.664* (1.897)

变量	ZXHY				
	(1)	(2)	(3)	(4)	(5)
Lev	−0.095 (−1.105)	1.177** (2.462)	1.068*** (2.570)	0.956** (2.284)	1.116*** (2.678)
Tobin	−0.325*** (−2.82)	0.053 (1.329)	0.025 (0.696)	0.018 (0.515)	0.034 (0.943)
Size	−0.064 (−0.894)	−0.146** (−2.511)	−0.171*** (−3.348)	−0.166*** (−3.249)	−0.171*** (−3.352)
BM	0.158* (1.914)	−0.078** (−2.340)	−0.080*** (−2.676)	−0.087*** (−2.896)	−0.088*** (−2.932)
Fund Size	−0.015 (−0.443)	0.053 (1.539)	0.065** (2.001)	0.086*** (2.773)	0.087*** (2.795)
Fund Age	0.641 (0.288)	−0.037** (−2.186)	−0.024 (−1.628)	−0.021 (−1.381)	−0.021 (−1.431)
Herding	−0.248 (−1.273)	1.200 (1.280)	0.951 (1.113)	0.623 (0.725)	0.805 (0.941)
Market	0.345 (1.486)	−0.089 (−0.944)	−0.117 (−1.395)	−0.221** (−2.549)	−0.108 (−1.286)
Gender	−0.444 (−1.171)	0.201* (1.670)	0.232** (2.214)	0.242** (2.296)	0.222** (2.113)
Degree	−0.496 (−0.994)	−0.029 (−0.090)	−0.241 (−1.022)	−0.252 (−1.069)	−0.201 (−0.853)
Constant	18.484 (1.481)	1.253 (0.839)	2.318* (1.729)	1.991 (1.497)	1.837 (1.385)
基金类型	YES	YES	YES	YES	YES
Pseudo R^2	0.038	0.012	0.014	0.022	0.017
N	509	1 986	2 495	2 495	2 495

附表6-1 第3次随机抽取词库后回归的结果

变量	(1)	(2)	(3)
	$\mid DA \mid_{Jones}$	$\mid DA \mid_{DD}$	$\mid DA \mid_{McNicholes}$
$ZXHY_1$	−0.264** (−2.246)	−1.318** (−2.155)	−0.423*** (−3.975)

变量	(1) $\mid DA \mid_{Jones}$	(2) $\mid DA \mid_{DD}$	(3) $\mid DA \mid_{McNicholes}$
ROE	−0.105 (−0.260)	3.120 (1.481)	−2.388*** (−6.518)
Lev	3.663*** (12.693)	0.940 (0.626)	0.892*** (3.421)
BM	−0.485*** (−8.195)	−0.146 (−0.475)	−0.664*** (−12.424)
Dual	0.153 (1.405)	0.729 (1.288)	−0.033 (−0.332)
First	0.003 (0.985)	0.040** (2.488)	−0.002 (−0.731)
Age	−0.003 (−0.300)	0.080* (1.735)	−0.021*** (−2.571)
Big4	−0.476** (−2.457)	−2.516** (−2.499)	0.027 (0.152)
Constant	5.020** (2.235)	1.428 (0.122)	2.888 (1.422)
Industry	YES	YES	YES
Year	YES	YES	YES
$Adj-R^2$	0.025	0.013	0.022
N	13 754	13 754	13 754

注:***,**,*,分别表示在1%,5%和10%水平上显著,下同。

附表6-2　第4次随机抽取词库后回归的结果

变量	(1) $\mid DA \mid_{Jones}$	(2) $\mid DA \mid_{DD}$	(3) $\mid DA \mid_{McNicholes}$
$ZXHY_1$	−0.350*** (−2.937)	−1.070* (−1.729)	−0.413*** (−3.840)
ROE	−0.099 (−0.243)	3.083 (1.463)	−2.392*** (−6.531)
Lev	3.651*** (12.656)	0.991 (0.660)	0.897*** (3.440)

变量	(1)	(2)	(3)
	$|DA|_{Jones}$	$|DA|_{DD}$	$|DA|_{McNicholes}$
BM	−0.486 *** (−8.227)	−0.156 (−0.507)	−0.667 *** (−12.482)
Dual	0.154 (1.412)	0.696 (1.231)	−0.039 (−0.401)
First	0.003 (0.969)	0.040 ** (2.509)	−0.002 (−0.714)
Age	−0.003 (−0.297)	0.082 * (1.765)	−0.020 ** (−2.533)
Big4	−0.477 ** (−2.465)	−2.524 ** (−2.508)	0.024 (0.136)
Constant	5.061 ** (2.254)	1.291 (0.111)	2.880 (1.418)
Industry	YES	YES	YES
Year	YES	YES	YES
$Adj\text{-}R^2$	0.026	0.012	0.021
N	13 754	13 754	13 754

附表6-3 第5次随机抽取词库后回归的结果

变量	(1)	(2)	(3)
	$|DA|_{Jones}$	$|DA|_{DD}$	$|DA|_{McNicholes}$
$ZXHY_1$	−0.371 *** (−3.115)	−1.116 * (−1.803)	−0.388 *** (−3.606)
ROE	−0.092 (−0.227)	3.100 (1.472)	−2.390 *** (−6.525)
Lev	3.648 *** (12.647)	0.985 (0.656)	0.902 *** (3.457)
BM	−0.486 *** (−8.216)	−0.154 (−0.501)	−0.667 *** (−12.470)
Dual	0.155 (1.428)	0.701 (1.239)	−0.040 (−0.408)

变量	(1)	(2)	(3)
	$|DA|_{Jones}$	$|DA|_{DD}$	$|DA|_{McNicholes}$
First	0.003 (0.962)	0.04** (2.506)	−0.002 (−0.707)
Age	−0.003 (−0.299)	0.082* (1.764)	−0.020** (−2.524)
Big4	−0.478** (−2.472)	−2.528** (−2.512)	0.022 (0.128)
Constant	5.071** (2.258)	1.313 (0.112)	2.867 (1.412)
Industry	YES	YES	YES
Year	YES	YES	YES
$Adj-R^2$	0.026	0.013	0.021
N	13 754	13 754	13 754

附表 6-4　第 6 次随机抽取词库后回归的结果

变量	(1)	(2)	(3)
	$|DA|_{Jones}$	$|DA|_{DD}$	$|DA|_{McNicholes}$
$ZXHY_1$	−0.286** (−2.426)	−1.379** (−2.251)	−0.428*** (−4.020)
ROE	−0.105 (−0.260)	3.115 (1.479)	−2.391*** (−6.527)
Lev	3.660*** (12.686)	0.935 (0.623)	0.893*** (3.424)
BM	−0.485*** (−8.203)	−0.149 (−0.483)	−0.665*** (−12.442)
Dual	0.154 (1.415)	0.731 (1.291)	−0.033 (−0.335)
First	0.003 (0.979)	0.040** (2.485)	−0.002 (−0.732)
Age	−0.003 (−0.300)	0.080* (1.738)	−0.021*** (−2.562)

变量	(1)	(2)	(3)
	$\mid DA \mid _{Jones}$	$\mid DA \mid _{DD}$	$\mid DA \mid _{McNicholes}$
Big4	-0.475** (-2.454)	-2.513** (-2.497)	0.027 (0.155)
Constant	5.030** (2.240)	1.456 (0.125)	2.890 (1.423)
Industry	YES	YES	YES
Year	YES	YES	YES
$Adj-R^2$	0.025	0.013	0.022
N	13 754	13 754	13 754

附表6-5　第7次随机抽取词库后回归的结果

变量	(1)	(2)	(3)
	$\mid DA \mid _{Jones}$	$\mid DA \mid _{DD}$	$\mid DA \mid _{McNicholes}$
$ZXHY_1$	-0.343*** (-2.885)	-1.152* (-1.861)	-0.400*** (-3.719)
ROE	-0.098 (-0.241)	3.097 (1.47)	-2.392*** (-6.529)
Lev	3.653*** (12.663)	0.980 (0.653)	0.900*** (3.452)
BM	-0.487*** (-8.229)	-0.156 (-0.508)	-0.668*** (-12.485)
Dual	0.153 (1.407)	0.700 (1.237)	-0.040 (-0.412)
First	0.003 (0.967)	0.040** (2.502)	-0.002 (-0.714)
Age	-0.003 (-0.301)	0.081* (1.758)	-0.020** (-2.536)
Big4	-0.477** (-2.465)	-2.524** (-2.508)	0.024 (0.136)
Constant	5.059** (2.253)	1.336 (0.114)	2.875 (1.415)
Industry	YES	YES	YES

变量	(1)	(2)	(3)
	$\lvert DA \rvert_{Jones}$	$\lvert DA \rvert_{DD}$	$\lvert DA \rvert_{McNicholes}$
Year	YES	YES	YES
$Adj\text{-}R^2$	0.026	0.013	0.021
N	13 754	13 754	13 754

附表6-6　第8次随机抽取词库后回归的结果

变量	(1)	(2)	(3)
	$\lvert DA \rvert_{Jones}$	$\lvert DA \rvert_{DD}$	$\lvert DA \rvert_{McNicholes}$
$ZXHY_1$	-0.348*** (-2.927)	-1.463** (-2.364)	-0.411*** (-3.819)
ROE	-0.096 (-0.237)	3.134 (1.488)	-2.389*** (-6.523)
Lev	3.650*** (12.650)	0.920 (0.614)	0.896*** (3.434)
BM	-0.486*** (-8.225)	-0.155 (-0.503)	-0.667*** (-12.479)
Dual	0.154 (1.414)	0.718 (1.270)	-0.039 (-0.399)
First	0.003 (0.966)	0.040** (2.485)	-0.002 (-0.718)
Age	-0.003 (-0.302)	0.081* (1.745)	-0.020** (-2.540)
Big4	-0.476** (-2.457)	-2.517** (-2.501)	0.026 (0.147)
Constant	5.061** (2.254)	1.494 (0.128)	2.880 (1.418)
Industry	YES	YES	YES
Year	YES	YES	YES
$Adj\text{-}R^2$	0.026	0.013	0.021
N	13 754	13 754	13 754

变量	（1）$\lvert DA \rvert_{Jones}$	（2）$\lvert DA \rvert_{DD}$	（3）$\lvert DA \rvert_{McNicholes}$
$ZXHY_1$	−0.274 ** (−2.329)	−1.229 ** (−2.008)	−0.419 *** (−3.938)
ROE	−0.108 (−0.266)	3.094 (1.469)	−2.393 *** (−6.535)
Lev	3.662 *** (12.691)	0.959 (0.639)	0.894 *** (3.428)
BM	−0.485 *** (−8.200)	−0.148 (−0.482)	−0.665 *** (−12.434)
$Dual$	0.154 (1.412)	0.723 (1.277)	−0.033 (−0.334)
$First$	0.003 (0.985)	0.040 ** (2.496)	−0.002 (−0.725)
Age	−0.003 (−0.297)	0.081 * (1.745)	−0.021 *** (−2.56)
$Big4$	−0.475 ** (−2.454)	−2.514 ** (−2.498)	0.027 (0.155)
$Constant$	5.024 ** (2.237)	1.378 (0.118)	2.885 (1.421)
$Industry$	YES	YES	YES
$Year$	YES	YES	YES
$Adj\text{-}R^2$	0.025	0.013	0.022
N	13 754	13 754	13 754

附表 6-7 第 10 次随机抽取词库后回归的结果

变量	（1）$\lvert DA \rvert_{Jones}$	（2）$\lvert DA \rvert_{DD}$	（3）$\lvert DA \rvert_{McNicholes}$
$ZXHY_1$	−0.274 ** (−2.329)	−1.229 ** (−2.008)	−0.419 *** (−3.938)
ROE	−0.108 (−0.266)	3.094 (1.469)	−2.393 *** (−6.535)

变量	(1)	(2)	(3)
	$|DA|_{Jones}$	$|DA|_{DD}$	$|DA|_{McNicholes}$
Lev	3.662*** (12.691)	0.959 (0.639)	0.894*** (3.428)
BM	-0.485*** (-8.200)	-0.148 (-0.482)	-0.665*** (-12.434)
Dual	0.154 (1.412)	0.723 (1.277)	-0.033 (-0.334)
First	0.003 (0.985)	0.040** (2.496)	-0.002 (-0.725)
Age	-0.003 (-0.297)	0.081* (1.745)	-0.021*** (-2.560)
Big4	-0.475** (-2.454)	-2.514** (-2.498)	0.027 (0.155)
Constant	5.024** (2.237)	1.378 (0.118)	2.885 (1.421)
Industry	YES	YES	YES
Year	YES	YES	YES
$Adj\text{-}R^2$	0.025	0.013	0.022
N	13 754	13 754	13 754